古代美術史研究

二編

第15冊

五代墓葬美術研究（下）

鄭以墨 著

花木蘭文化出版社

國家圖書館出版品預行編目資料

五代墓葬美術研究（下）／鄭以墨 著 — 初版 — 新北市：花
木蘭文化出版社，2017〔民 106〕
目 2+176 面；19×26 公分
（古代美術史研究 二編；第 15 冊）
ISBN：978-986-322-590-4（精裝）
1. 古墓　2. 美術考古　3. 五代十國
618　　　　　　　　　　　　　　　　　103001128

ISBN-978-986-322-590-4

9 789863 225904

古代美術史研究
二　編　第十五冊　　　　　　ISBN：978-986-322-590-4

五代墓葬美術研究（下）

作　　者　鄭以墨
總 編 輯　杜潔祥
副總編輯　楊嘉樂
編　　輯　許郁翎、王筑　美術編輯　陳逸婷
出　　版　花木蘭文化出版社
社　　長　高小娟
聯絡地址　235 新北市中和區中安街七二號十三樓
　　　　　電話：02-2923-1455 ／傳眞：02-2923-1452
網　　址　http://www.huamulan.tw 信箱 hml810518@gmail.com
印　　刷　普羅文化出版廣告事業
初　　版　2017 年 3 月
全書字數　259669 字
定　　價　二編 28 冊（精裝）新台幣 75,000 元　　　版權所有·請勿翻印

五代墓葬美術研究（下）

鄭以墨 著

目次

附錄一：五代墓葬的類型學研究

　　自「安史之亂」以來，唐王朝已名存實亡，藩鎮割據成爲晚唐最突出的時代特徵。〔註1〕各藩鎮的節度使權力很大，「集民政、戎事、刑獄於一身，將佐僚屬皆自行奏辟，生殺亦自己出，權任之重，與唐略等」〔註2〕。隨著藩鎮之間在政治和軍事上的激烈爭奪以及藩鎮內部的形勢變化，各藩鎮勢力不斷地此消彼長，甚至相互兼併，從而形成了歷史上的「五代十國」。〔註3〕其中五代是指中原地區繼李唐王朝先後出現的五個政權：後梁、後唐、後晉、後漢、後周。十國則是在南方不同地區建立的割據政權：前蜀、後蜀、楊吳、南唐、吳越、閩國、楚、荊南、南漢、北漢。〔註4〕

〔註1〕　「方鎮，或稱藩鎮、節鎮，自唐睿宗景雲中以節度使名官起，至北宋真宗朝完成消藩止，擾攘我國歷史近二百年之久。其強盛時，南迄嶺表，北抵塞外，西至隴阪，東曁於海，國門以外皆裂爲方鎮。」朱玉龍編著：《五代十國方鎮年表》，中華書局，1997年，頁1。

〔註2〕　《五代十國方鎮年表》，頁1。

〔註3〕　馬端臨云：「五代十國，皆節鎮之流裔而併合者也。」《文獻通考》卷二百七十六，《四庫·史部·政書類》（204），頁315。

〔註4〕　後梁：開平元年（907）～龍德三年（923）；後唐：同光元年（924）～清泰三年（936）；後晉：天福元年（936）～開運四年（947）；後漢：天福十二年（947）～乾祐三年（950）；後周：廣順元年（951）～顯德七年（960）；楊吳：唐景福元年（892）～晉天福二年（937）；南唐：晉天福二年（937）～宋開寶八年（975）；前蜀：唐大順二年（891）～後唐同光三年（925）；後蜀：後唐同光三年（925）～宋乾德三年（965）；南漢：唐天祐二年（905）～宋開寶四年（971）；楚：唐乾寧三年（896）～周廣順元年（951）；吳越：唐乾寧三年（896）～宋太平興國三年（978）；閩國：唐光啓二年（886）～後晉開運三年（946）；南平（荊南）：梁開平元年（907）～宋乾德元年（963）；北漢：周廣順元年（951）～宋太平興國三年（978）。

　　政治上的分裂必然會帶來文化發展的地域差異，但這種文化差異的形成並非一蹴而就，而是經過長時間的積累所致，正如陳寅恪先生所說：

　　　　……而天寶安史之亂後又別產生一新世局，與前此迥異矣。夫「關中本位政策」既不能維持，則統治之社會階級亦必有變遷。此變遷可分爲中央及藩鎮兩方敘述。其所以需有此空間之區別者，因唐代自安史之亂後，名義上雖或保持其統一之外貌，實際上則中央政府與一部分之地方藩鎮，以截然劃爲二不同之區域，非僅政治軍事不能統一，即社會文化亦完全成爲互不關涉之集團，其統治階級氏族之不同類更無待言矣。蓋安史之霸業雖俱失敗，而其部將及所統之民眾依舊保持其勢力，與中央政府相抗，以迄於唐室之滅亡，約一百五十年之久，雖號稱一朝，實成爲二國。〔註5〕

因此，在探討五代文化的地域性差異時至少應從其割據開始，這正是本書所討論之墓葬材料的大體範圍。本節擬通過對不同政權的墓葬進行類型學研究，初步確立各地墓葬發展的基本脈絡，進而從宏觀上把握五代墓葬美術發展的獨特面貌。在具體分析中，由於五代墓葬呈現出明顯的地域性，其範圍與各個政權的版圖基本吻合，因此，筆者將主要以不同政權的勢力範圍爲分區標準。但南方十國並非同時並存，其中有些政權的版圖基本一致，如前蜀與後蜀、楊吳與南唐，對此，筆者會暫將其劃爲同一單元，並在此基礎上進一步關注它們之間的差別。

一、五代

　　五代墓葬主要發現於中原地區，包括今山西、陝西、河南、河北、山東以及內蒙古南部等。迄今爲止，該地區發現的墓葬主要有：1956 年發掘的洛陽後晉墓〔註6〕、1958 年發掘的伊川縣窯底鄉後晉墓〔註7〕、1960 年發掘的曲陽澗磁村五代墓〔註8〕、1984 年發掘的煙臺市芝罘區石槨墓〔註9〕、廊坊固安

〔註5〕　陳寅恪：《唐代政治史述論稿》，生活・讀書・新知三聯書店，2004 年，頁 202
　　　　～203。
〔註6〕　高祥發：《洛陽清理後晉墓一座》，《文物參考資料》1957 年第 11 期，頁 80～81。
〔註7〕　侯鴻鈞：《伊川縣窯底鄉發現後晉墓一座》，《文物參考資料》1958 年第 2 期，
　　　　頁 82。
〔註8〕　河北省文化局文物工作隊：《河北曲陽澗磁村發掘的唐宋墓葬》，《考古》1965 年
　　　　第 10 期，頁 507～510、524。
〔註9〕　王錫平：《煙臺市芝罘區發現一座石槨墓》，《文物》1986 年第 3 期，頁 60～62。

縣公主府磚場五代墓〔註10〕、1985 年發掘的張家口市宣化區五代墓〔註11〕、1986 年發掘的洛陽後梁高繼蟾墓〔註12〕、1989 年發掘的極建陵〔註13〕、1990 年發掘的西安東郊黃河機器製造廠五代墓〔註14〕、1992 年發掘的陝西彬縣馮暉墓〔註15〕、1992 年發掘的河南省新鄭縣郭店鄉陵上村周恭帝順陵〔註16〕、鞏義市北窯灣五代墓葬〔註17〕、1994 年發掘的內蒙古清水河縣山跳峁五代墓〔註18〕和洛陽後周墓〔註19〕、1995 年發掘的河北定州曲陽王處直墓〔註20〕、1999 年發掘的陝西寶雞李茂貞夫婦墓〔註21〕、2005 年發掘的洛陽伊川後晉孫璠墓等〔註22〕、2011 年至 2012 年發掘的河北曲陽田庄大墓〔註23〕、2012 年發掘的洛陽道北五路出土的五代壁畫墓〔註24〕。

〔註10〕 廊坊市文物管理處：《廊坊固安縣公主府磚場五代墓》，《河北省考古文集》（三），科學出版社，2007 年，頁 139～142。

〔註11〕 張家口市宣化區文保所：《張家口市宣化區發現一座五代墓葬》，《文物春秋》1989 年第 3 期，頁 85～87。

〔註12〕 洛陽市文物工作隊：《洛陽後梁高繼蟾墓發掘簡報》，《文物》1995 年第 8 期，頁 52～60。

〔註13〕 楊繼東：《極建陵》，《文物世界》2002 年第 5 期，頁 49～51；楊繼東：《五代藝術精品——極建陵》，《滄桑》1995 年第 3 期，頁 46～48。

〔註14〕 李軍輝：《西安東郊黃河機器製造廠唐五代墓發掘簡報》，《考古與文物》1991 年第 6 期，頁 12～16。

〔註15〕 楊忠敏、閻可行：《陝西彬縣五代馮暉墓彩繪磚雕》，《文物》1994 年第 11 期，頁 48～55、90；咸陽市文物考古研究所：《五代馮暉墓》，重慶出版社，2001 年。

〔註16〕 李書楷：《五代周恭帝順陵出土壁畫》，《中國文物報》1992 年 4 月 5 日。

〔註17〕 河南省文物考古研究所、鞏義市文物保管所：《鞏義市北窯灣漢晉唐五代墓葬》，《考古學報》1996 年第 3 期，頁 361～397。

〔註18〕 內蒙古文物考古研究所、烏蘭察布博物館、清水河縣文物管理處：《內蒙古清水河縣山跳峁墓地》，《文物》1997 年第 1 期，頁 20～35。

〔註19〕 洛陽文物工作隊：《洛陽發現一座後周墓》，《文物》1995 年第 8 期，頁 64～67。

〔註20〕 河北省文物研究所、保定市文物管理處、曲陽縣文物管理所：《河北曲陽五代王處直墓發掘簡報》，《文物》1996 年第 9 期，頁 4～12；河北省文物研究所、保定市文物管理處：《五代王處直墓》，文物出版社，1998 年。

〔註21〕 寶雞市考古研究所：《五代李茂貞夫婦墓》，科學出版社，2008 年。

〔註22〕 四川大學歷史文化學院考古系、洛陽市第二文物工作隊：《洛陽伊川後晉孫璠墓發掘簡報》，《文物》2007 年第 6 期，頁 9～15。

〔註23〕 李秋雲、杜亞欣：《河北田庄古墓：同期結構最複雜的磚室墓》，《中國文化報》2013 年 1 月 22 日第 4 版；楊玉、劉萍：《曲陽田庄大墓考古取得三大進展：或將揭秘墓主人真實身份》，《河北日報》2014 年 1 月 21 日第 7 版；《河北曲陽田庄大墓》，中國文物信息網，2013 年 2 月 27 日。

〔註24〕 侯秀敏、胡小寶：《洛陽道北五路出土的五代壁畫墓》，《文物世界》2013 年第 1 期，頁 70～72。

根據墓葬的形制及裝飾手法，可將這些墓葬分爲三型：

A 型　兩室墓，包括前、後兩室及多個耳室，墓葬壁面均有繪畫或磚雕。根據後室及甬道以及裝飾手法又可將其分爲兩個亞型。

A1 型　彩繪雙室墓，前、後室之間無甬道，前室附有東、西耳室，壁面裝飾有壁畫和漢白玉浮雕。此型僅王處直墓一例。

該墓坐北朝南，方向 159°，由封土、墓道、墓門、甬道、前、後室、東、西耳室組成，墓道全長約 9.3 米，墓門到後室長 12.5 米（圖 1-1）。棺床位於後室，呈「凹」字形，布滿整個墓室，棺槨無存。該墓除後室頂部外，其餘各部位皆繪有壁畫或裝飾有浮雕（圖 1-3）。墓門拱頂邊緣施繪菱形花紋帶，菱形花紋帶外側繪繁縟的菊花。甬道南部東西兩壁壁龕內爲武士浮雕（圖 4-1）。前室四壁有壁龕十二個，龕內鑲嵌漢白玉生肖及人物浮雕（圖 4-2），南壁墓門兩側下部各有一壁龕，龕內浮雕被盜。四壁壁畫分上下兩欄，上下欄間用赭色紋帶和忍冬或團窠花及垂幔隔開。上欄爲八幅雲鶴圖，下欄南壁墓門兩側繪男侍（圖 4-3），西壁繪屏風式人物花鳥畫五幅，分別是侍女圖、兩幅牡丹圖、月季圖、牽牛圖、薔薇圖。東壁的壁畫佈局與西壁相同，內容爲侍女圖、牡丹圖、兩幅薔薇圖、牽牛圖、牡丹圖。北壁正中繪一

圖 4-1　王處直墓甬道壁龕內的武士浮雕

圖 4-2　王處直墓十二生肖浮雕摹本

（上：鼠、龍、蛇；下：羊、馬、雞）

圖 4-3　王處直墓前室南壁壁畫

幅山水畫。前室頂部繪天象圖（圖 1-2）。東耳室北壁爲侍女、童子圖，背景上點綴幾枝翠竹，南壁爲侍女圖，人物背景用淡彩繪出花紋。東壁畫面可分爲兩部分：上部爲一橫幅山水畫，下部爲一長案，其上放置有掛有黑色展腳襆頭的帽架、長方形盒、瓷器、鏡架、掃帚等。疊澀頂部繪滿花卉、雲氣、蝴蝶等。（圖 1-53）西耳室的壁畫佈局與東耳室一致，北壁、南壁皆爲侍女圖，人物背後各有一扇屏風。西壁畫面分兩部分：上部爲花鳥畫，下部繪一長案，上置鏡架、長方形箱、瓷器等日常用具。南壁東、西側皆繪菊花圖。東壁分兩部分，上部繪出菊花，下部南端爲侍奉浮雕，中北端爲山石翠竹。西壁結構與東壁相同，上部爲菊花，下部南端爲伎樂浮雕，中北端爲湖石樹木。壁畫上端繪兩層垂幔，浮雕南側用濃墨勾出幔帳下擺。北壁是一幅通景式花鳥畫牡丹湖石圖，佔據整個壁面，上部是團窠花紋及白色、紅色垂幔，兩側及下部是深褐邊框。（圖 1-54）

A2 型　仿木磚雕與彩繪結合的兩室墓，前、後室之間有甬道相連，並附有多個耳室。此型墓葬包括李茂貞夫人墓（後晉開運二年，945）和河北曲陽田庄大墓。

李茂貞夫人墓　該墓位於陵園西南部，與李茂貞墓平行並列，坐北朝南，方向 165°，由封土、墓道、端門、庭院、墓門、甬道、前室、後甬道、後室、耳室組成，其中庭院和前室的東、西壁各有一耳室，後室的東、西、北面各分佈一耳室。由墓道開口至後室的北耳室北端，全長 57.1 米，墓道長 26 米（圖 4-4）。後室平面爲八面形。後室外部的頂部有磚砌的星象圖。

圖 4-4　李茂貞夫人墓平、剖面圖

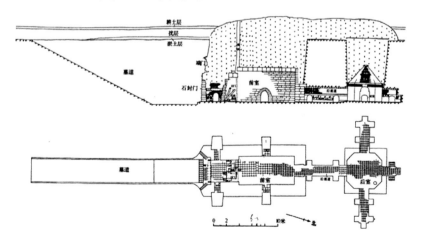

端門爲磚砌仿木結構，殘高 7.3 米，第三層東、西廂爲婦人啓門圖，西廂頂端爲乘鳳駕鶴西遊圖，畫面北側爲一駕鳳婦女（應是墓主人），前有上下兩位駕鶴仙人，中間上方有兩隻仙鶴展翅回首（圖 3-55）。畫面下方分佈祥雲。庭院東壁爲二人轎子圖，二人擡轎子一頂，向北朝向墓室。庭院西壁爲八人轎子圖，八人見擡轎子一頂，向南背向墓室（圖 3-57）。庭院東、西廊壁上部爲鴛鴦牡丹圖，原各有 8 幅，現西壁 8 幅，東壁僅存 2 幅。庭院的東耳室南、北兩壁皆爲漢人牽馬圖，人物與馬均面向庭院。西耳室南壁爲胡人牽駝圖，北壁爲胡人持節牽駝圖（圖 4-5、圖 4-6）。後甬道東西兩壁爲磚雕伎樂圖，每壁九人（圖 1-36）。

圖 4-5　李茂貞夫人墓東耳室北、南壁磚雕

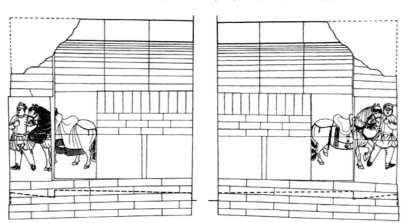

圖 4-6　李茂貞夫人墓西耳室南、北壁磚雕

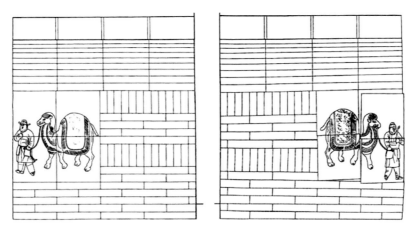

甬道、墓室、小龕原均有壁畫。後室原繪壁畫，但脫落嚴重，僅有少許模糊可辨。後室的東、西、北耳室門兩側均爲侍者圖，西南壁爲花草圖。西耳室主通道兩直壁表面原繪有壁畫，但僅於進洞口處殘存花卉圖案。東耳室主通道南北兩壁亦繪有花卉內容的壁畫。北耳室主通道東西兩壁原有壁畫，但內容已不可辨。

造像石爲墓道中部原開口地面出土，八棱柱狀，八棱柱面上雕蓮花形龕，龕內高浮雕、護法金剛等。其中供養人龕有二，內容均爲一主二僕；侍女龕二，均爲一人立像；其餘四龕內均高浮雕一護法金剛。

墓誌蓋爲方形盝頂，蓋頂方形四邊線刻牡丹花紋，四角爲十字團花紋。四斜殺線刻四神圖像。誌石四側面線刻十二神像，每面三個，均頭帶高冠，冠上有十二生肖動物頭像，身穿寬袖長袍，持笏站立，順時針排列。誌文1691字。此外，還出土了瓷器、陶器（建築構件、經幢、塔式高柄仰蓮杯、塔式罐、佛像）、銅器（主要是門構建和馬飾）、鐵器、銀器、石器、石函等。

曲陽田庄大墓　該墓爲帶長斜坡墓道的大型磚室墓。開口距地表約 2 米，開口至底深約 6 米。墓葬坐北朝南，南北長達 66 米。封土呈圓形，由內、外兩圈組成，外緣有一周柱洞。封土製作考究，形制獨特，逐層夯築而成，直徑 34 米，覆蓋甬道、前室及後室。墓葬僅地面以下開挖土壙面積達 675 平方米，地下結構由墓道、儀門、庭院、甬道、前室、後甬道、後室組成中軸，側室及耳室分列東西，墓室總數達 12 個之多，全部用青磚砌築而成，儀門、庭院和甬道兩側設有大型壁龕。

墓道位於南端，平面呈梯形，南窄北寬，底面呈斜坡狀。南北水平長 29、東西寬 3.6～7 米，底面呈斜坡狀。在墓道東、西兩壁北部發現大型儀衛壁畫。其中東壁可辨 6 人，其中北端人物通體高達 1.8 米，頭帶黑色軟腳襆頭，白色抹額，深目高鼻、滿臉短髭，右手執鉞，上身服圓領長袍，腰間繫帶，前襟撩起在胯間打結，足服黑靴，胯右側斜挎胡祿。人物形象高大魁梧，衣著飄逸，面容刻劃細膩，筆法熟練。

墓道北端東西兩側相向伸出一段翼牆，牆體端面各豎立一磚柱，東西對稱，上部髹黑漆，下部髹紅漆，象徵一道儀門，可能即爲文獻上所說的烏頭門。墓道北接庭院，庭院平面呈東西向長方形，東西長 8.6、南北寬 3.6 米，底面平整。庭院東、西兩側磚牆上有券門通往東、西兩耳室。庭院北側有磚砌慢道連接墓門，墓門高聳，寬闊，雖上部毀壞，高近 6 米，門洞寬達 3.4 米，

其上原爲各種仿木構磚雕，有筒瓦、板瓦、彩繪椽頭、雕花勾頭、花口板瓦等。墓門券洞上方的封門磚外側發現有「大今皇統九年三月日重修保」字樣的銘文磚，說明墓葬在金代有過一次修繕。

墓門北接甬道，甬道爲南北向長方形券洞式，分爲南、北兩部分。南部爲二層券，北部爲三層券，通長 7.4 米，南部券洞高 4.1、北部券洞高 3.9 米。南部東西兩側各有一大型壁龕，北部東西兩側各有一耳室。在南北兩部分的北端各有一高大漢白玉石門框，門額上有門簪三枚，門額上方有拱形門楣。在甬道及南北兩側發現尺寸 30～50 釐米的石塊共計百餘立方，可能原爲封門之用。甬道北端接前室。前室呈八邊形，內切直徑 8 米，左右兩側對稱分佈四個側室的券洞。前室墓壁，爲八根立柱分隔，墓底鋪砌方磚，方磚非常規整，質密堅硬，表面磨光，邊長 37～38 釐米。

前室與後室之間有後甬道相連。甬道北端也有一大型漢白玉石門框，門額上有拱形門楣。

後室呈弧方近圓形，直徑 7.6 米，四立柱分隔，柱頭有鋪作，爲把頭交項作，柱頭鋪作之間有補間鋪作斗口跳，制作規整。墓壁東西兩側各有一券門，通往兩個側室。後室內堆砌大量的漢白玉殘塊，可拼合成石槨、石棺床等大型構件。石棺床爲蓮瓣須彌座式，平面作梯形，上、下枋頂面上各有一週漢白玉勾欄，欄板上雕刻花卉並著紅綠彩。上、下枋之間的四角，各有一力士作托舉狀。棺床束腰部壼門內雕刻精美的人面，人面神態各異。棺床頂面內置木棺，棺外置石槨。石槨呈棺形，頂面弧曲，有貼金泡釘，前、後兩側有拱形堵頭，槨蓋前堵頭浮雕朱雀，後堵頭浮雕玄武。槨門位於槨室南壁，上有貼金門釘和鋪首銜環。棺床前面有弧形踏道，即爲「圓橋子」，踏道兩側有弧形欄板，踏道中間浮雕兩人，居上者仰面屈肢，居下者作匍匐爬行狀，左臂撫地，右臂前伸勾拽居上者之左腳，形像生動、逼眞，寓意深刻。棺床南北長 4.03、北端寬 1.95、南端寬 2.42、高 1.1 米，上置一槨一棺，說明後室僅爲墓主一人，其他合葬者可能置於側室。

另外後室還發現漢白玉蓮花方座柱礎一件、漢白玉八棱柱一件以及漢白玉石盆一件，這三件器物原爲一件石燈的組成部分，其中尤以蓮花方座雕刻最爲精美。

10 個側室（耳室）分列庭院、甬道、前室、後室的東、西兩側，結構相近、大小不同、高低錯落，最小耳室的直徑也接近 3 米。墓室平面爲近圓形，

穹隆形頂，墓壁多有仿木結構的磚雕，柱枋間有豔麗的彩繪。彩繪多爲牡丹花卉，施綠、紅、黑等多種顏色，墓室頂部繪有星宿圖。前室的東南、西南側室和後室的東、西側室規模相當、尺寸最高最大，高約 4.5、直徑約 3.5 米，前庭東、西側室和前室的東北、西北側室規模相當、尺寸次之，高約 4、直徑約 3 米。甬道東、西側室再次之，高約 3.3、直徑約 2.8 米。

該墓出土了多件漢白玉造像和陶瓷。漢白玉造像有力士像和武官俑兩種，身體姿態和面部表情生動傳神，衣紋刻畫簡約洗練，局部可見衣紋邊緣彩繪貼金。瓷器以白瓷爲主，部分爲細白瓷，其中可復原器物 30 餘件，器型有碗、盤、缽和執壺，仿金銀器的花口器數量較多。還有部分醬釉瓷器，可辨器型有執壺、雙繫罐等，另外出土一件具有紫定風格的瓷器。陶器主要有泥質灰陶和泥質紅陶兩種，主要有罐、盆、釜等，以大型器皿爲主，其中紅陶罐和盆上有墨線勾繪花卉圖案。另外，墓葬中還出土了各種金、銅、鐵、玉石等製品，包括鎏金銅門釘、鎏金銅鎖、鎏金蝴蝶合頁、鎏金開元通寶以及滑石浮雕帶飾等。墓主可能是唐末或五代義武軍節度使。

B 型　單室墓。此類墓葬包括李茂貞墓、周恭帝順陵、極建陵、馮暉墓、內蒙古清水河縣山跳峁五代墓、洛陽伊川孫璠墓、伊川縣窯底鄉李俊墓、廊坊固安縣公主府磚場五代墓。根據裝飾手法不同又可將其分爲五個亞型。

B1 型　彩繪單室墓，包括李茂貞墓、周恭帝順陵。

李茂貞墓（後唐同光三年，925）　該墓位於陵園東北部，封土呈覆斗形，東西長 18 米，南北寬 13.85 米，現高 2.1 米。封土南部有神道，寬 12 米，位於李茂貞夫婦墓正南方。神道東西兩側各有一排石造像，面向神道。青色石灰岩雕成。西側現存 14 尊（組），其中武官 3、文官 2、馬與控馬官 2（組）、虎 3、羊 3、華表 1。東側現存 3 尊（組），其中文官 1、武官 1、羊 2、馬與控馬官 2（組）、華表 1。另於神道附近發現石獅和文官各 1。墓葬坐北朝南，方向 165°。由墓道、封門、甬道、墓室四部分組成，總長 50.7 米，墓道長 36.1 米（圖 4-7）。墓室爲直壁拱頂形石室。甬道、墓室原繪有壁畫，但已脫落。該墓出土的護法金剛石座爲經幢的一部分，八面體，每面浮雕一護法金剛。經幢，石灰岩，八棱柱身，上部殘，五面刻梵、漢雙體經文。蓮花座，石灰岩，圓形，高浮雕雙層仰蓮，上層花瓣表面陰線刻團花圖案。墓誌蓋爲方形盝頂，蓋頂方形四邊線刻牡丹花紋，四角爲十字團花紋，中部磨光，空缺未撰文字。四斜殺線刻四神圖像。誌石四側面線刻十二神像，每面三個。誌文 1128 字。此

外，該墓還出土了瓷器、陶器（經幢殘片、塔式蓋）、銅器（木門構建、銅鏡等）、鐵器（鐵牛、鐵豬等）、石器、石刻（護法金剛座、經幢、蓮花座）等。

周恭帝順陵（北宋開寶六年，973）　該墓爲磚室墓，坐北朝南，平面呈圓形，由土坑豎穴墓道、甬道、墓室組成。墓室直徑 6.2 米，高 7 米，穹隆頂。墓室及甬道繪有建築木構件和人物。墓室頂部繪星象圖，墓室周壁的中部、牆體上有六處突出疊砌的兩塊磚，似爲放燈之用。墓室內壁畫被剗除或剝落，僅在墓室西壁殘存武吏端斧圖。甬道東側殘存文吏迎侍圖（圖 4-8）。甬道外可能還有壁畫，但由於被墓磚填塞，目前尚無法確知。

圖 4-7　李茂貞墓平、剖面圖

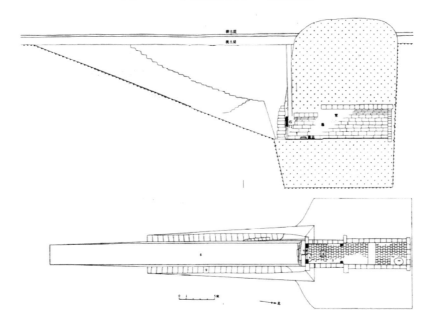

圖 4-8　周恭帝順陵墓室壁畫

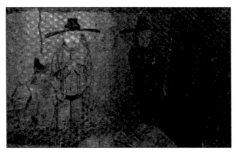

B2型　仿木建築磚雕與彩繪結合的大型單室墓，屬於此種類型的墓葬有極建陵〔註25〕和馮暉墓。

極建陵（梁開平二年，908）　地上有陵寢和護陵的柏林寺（建於925年）。陵園內原有石碑13通。墓室上封土高10米，周長60米。地下由墓道、墓門、甬道、墓室四部分組成，墓道長30多米，寬可走車。墓道兩側均爲磚雕的排山勾滴、斗栱構件、梁架、門窗。壁門上彩繪花卉，均爲紅、黑、黃、白、藍重彩著色。石墓門。墓門後的甬道長6.7米，兩壁彩繪「出行圖」和「儀仗圖」。墓室爲圓角方形的石券穹隆頂結構，從內看似一頂蒙古包。墓室的直徑爲9.7米，頂高5.56米，由10根石方柱撐起，柱上雕有忍冬紋，柱頂雕有斗栱的頭上立一尊石雕怪獸。墓室除南面的券洞外，東、西、北三壁均浮雕有直櫺窗、門戶及守門男女侍從像。在墓室四周還間隔放有11尊石雕官服人像。墓室中央放置長方形棺木，形狀爲束腰須彌座式，東西長6.7米，南北寬3.37米，高0.5米，棺木上塗有紫褐色漆。

馮暉墓（後周顯德五年，958）　該墓爲磚室墓，坐北朝南，方向185°。由封土、墓道、墓門、甬道、墓室、東、西、北側室組成（圖4-9）。封土爲

圖4-9　馮暉墓平面圖

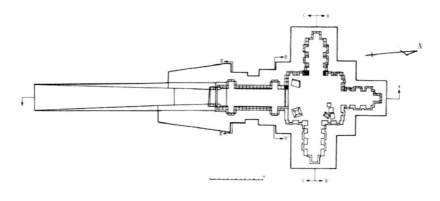

〔註25〕極建陵並無正式的發掘報告。根據楊繼東的研究，該墓金天眷年間（1130～1140）被盜，元至正十三年（1353）重修。元、明、清又多次被盜，墓內隨葬品掠奪殆盡，棺木損壞。民國17年（1928）重修。1958年大搞農田基本建設，曾挖開墓道，清理出人骨數具，1975年又拆毀墓頂，挖出馬骨一具。棺木損壞。1989年清理出墓誌一方。而柏林寺建築又在文化大革命中全部拆毀。現在，該墓的地下部分只有厚積的瓦礫。文中關於墓葬的敘述均根據文字資料記載。楊繼東：《極建陵》，《文物世界》2002年第5期，頁49～51；楊繼東：《五代藝術精品——極建陵》，《滄桑》1995年第3期，頁46～48。

覆斗形，殘高 2.3～5.7 米。墓葬南北長 44.2 米，墓道長 23.2 米，墓室高 7.14 米。墓室、甬道爲夯頂，側室、壁龕爲拱頂。該墓周圍還發現了三座墓葬，應是「陪葬墓」。墓門有仿木結構磚雕彩繪單簷歇山頂門樓。墓門以內除彩繪磚雕外，全部繪滿壁畫，壁畫面積達 200 多平方米。甬道東西兩壁各有磚雕伎樂 14 人，其中南龕以南各兩幅，南北龕之間 12 幅，北龕以北則彩繪持杖人物壁畫各一幅。其中東壁樂伎皆爲男性，西壁皆爲女性（圖 1-37）。其餘壁面均繪滿背景壁畫。墓室頂部爲星象圖（圖 4-10），穹頂底部有兩周窄花紋條，中間一周爲白色鴛鴦和連環花相間的連續花紋帶。墓室直壁部分全以赭色襯底，白底淡黃色團花牡丹相間，團花最大徑近 1 米。三團花之間填以淡黃色牡丹，此種背景布滿墓室四壁，小龕也被視作平面，連續繪有這種背景（圖 4-11）。

　　東壁東側室兩側各繪有一侍女，西壁西側室左側殘存一侍女，北壁北側室兩側各繪有一侍女，頭部不存。南壁甬道左右兩側壁畫嚴重脫落，左側繪有幔帳，其下有案，案上放置成串的銅錢及紅、黃、藍、白等成匹絹布。

圖 4-10　馮暉墓天象圖

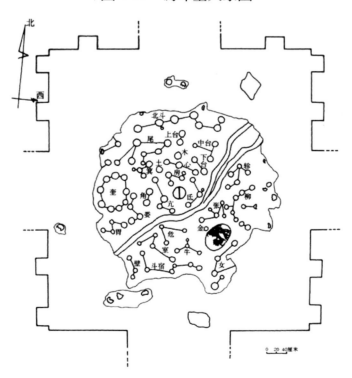

圖 4-11　馮暉墓墓室壁畫

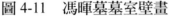

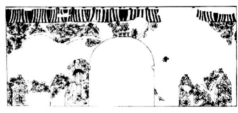

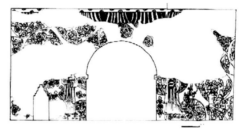

（左上：東壁；右上：西壁；左下：南壁；右下：北壁）

右側幔帳下也置一長案，案上有帶托的注子、杯、盤等，盤內放紅色、白色水果等。側室四壁及小龕亦繪滿背景圖案（圖 4-12）。出土有陶器（甕形器、蓮花器座、線刻舞蹈磚、線刻花枝磚）、瓷器、石器、鐵器、象牙帶具、錢幣、墓誌。墓誌為方形盝頂，蓋頂面無字，四周為連續半團花圖案和纏枝牡丹。四周弧形斜剎及四角，陰刻八卦符號。四立面線刻十二生肖人物，每面三人，頭帶進賢冠，冠頂臥生肖動物，著闊袖長袍，手執笏板。墓誌共2010字。

　　B3 型　仿木建築磚雕與彩繪壁畫相結合的中、小型單室墓，此類墓葬有洛陽道北五路出土的五代壁畫墓、內蒙古清水河縣山跳峁墓地發現的 7 座五代墓、廊坊固安縣公主府磚場五代墓。

　　洛陽道北五路出土的五代壁畫墓　該墓為南北向，墓道向南。由墓道、甬道、墓室二部分組成，墓道為斜坡臺階式，長 13.8 米，墓道與甬道間用石塊壘砌墓門；甬道長 1.76 米，寬 1.16 米，墓室為圓形穹隆頂，由於已被破壞，殘高僅有 0.45 米－0.75 米。南北直徑 4.9 米，東西直徑 4.65 米，墓室的頂部坍塌。甬道和墓室內裝飾有壁畫和磚雕，共九組（圖 4-13）。甬道兩壁均繪一對中年男子，手中各持細長的儀仗用具（圖 4-14），初步判斷應為文官儀仗。墓室內入口左側，繪一侍衛作揖手狀（圖 4-15），緊接著的兩幅壁畫中分別繪製了多名女子，其中一女子髮髻高高挽起，頭簪一朵紅牡丹花，手托官帽，

似乎正在爲即將出門的丈夫「遞帽」送行。另一組壁畫繪有一群盛裝貴婦，頭戴各式花簪，手執樂器、禮物，翩翩而行……在她們前方的桌子上擺有杯盞、水注、盤子、石榴等，壁畫中還刻有二足弧形盆架、多枝燈、椅子、桌子、櫃子、鎖、衣架、門、窗子、木馬子等均爲磚雕（圖4-16、圖4-17）。這些壁畫表現了貴族的家庭生活。

圖4-12　馮暉墓側室壁畫

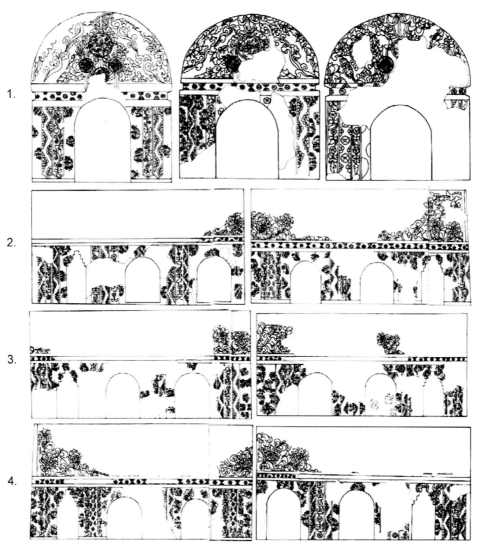

（1.東、西、北側室東、西、北壁；2.東側室南、北壁；
3.西側室南、北壁；4.北側室東、西壁）

圖 4-13　洛陽道北五路五代墓墓室壁畫

圖 4-14　洛陽道北五路五代墓甬道壁畫

圖 4-15　洛陽道北五路五代墓墓室壁畫中的侍者

圖 4-16　洛陽道北五路五代墓墓室壁畫中的人物、多枝燈、櫃、鎖

圖 4-17　洛陽道北五路五代墓墓室壁畫中的床榻、桌椅及人物

　　內蒙古清水河縣山跳峁墓地　已清理出 7 座磚室墓。除 M4、M6 未被盜外，其餘 5 座均遭到不同程度的盜掘破壞。墓葬由北向南排成 3 排，方向 182°～198°之間，均由墓室、甬道、墓門、墓道組成。墓道較短，作斜坡式。按規模可分為大、中、小三類：大型墓包括 M3、M4、M7，墓室直徑在 3 米以上；中型墓有 M1、M5，墓室直徑 2.5 米左右；小型墓包括 M2、M6，墓室直徑 2 米左右。墓室皆為圓形穹隆頂仿木結構磚室，墓壁繪壁畫，地面多用紅色方磚鋪砌，少量的使用灰色長方磚。甬道位於墓室南側，呈券拱式，墓門亦作仿木結構。各墓室內皆有磚雕，題材有格子花窗、帶流勺、熨斗、剪子、尺子、茶具、燈架、弓囊、箭囊等。墓壁繪有壁畫，但除未被盜的 M4、M6 有部分保存外，僅 M7 有小面積殘存，其他墓內的壁畫或完全剝落或漫漶不清，內容不詳。大型墓內仿木結構分別由 8 組或 6 組鋪作加 2 組補間鋪作組成。磚雕製作精細，內容除常見的格子門等，還增加了房屋模型。中型墓

仿木結構由 6 組鋪作組成，磚雕不見房屋模型。小型墓仿木結構減為 4 組柱頭鋪作，並省略了櫨斗、耍頭和闌額等構件，磚雕和壁畫少而粗糙。隨葬品數量較少，主要有塔式罐、瓷器、鎏金銅腰帶、磚雕、鐵器等。

　　M3　位於墓地中部，是七座墓中磚雕最豐富、最精緻的。斜坡式墓道，長 3.74 米。墓門磚砌，門道兩側砌門框。門額之上砌正心枋，正心枋上為椽簷，椽頭平面呈多邊形。其上為瓦口，最頂部中間置一模製的火焰形磚，兩端各置一鴟吻。甬道呈拱洞形，墓室平面呈圓形，直徑 3 米，殘高 1.76 米，方向 183°（圖 4-18）。六組柱頭鋪作將墓壁分為六個壁面，因南、北兩壁面是其他壁面的二倍，故在這兩個壁面的中間各加一組補間鋪作。墓室北壁由三組磚雕和壁畫組成。中間磚雕為一門。東側磚雕上部為兩個正方形直櫺窗。下部雕有帶流勺、注子和茶盞、尺子、剪子、帶柄熨斗。西側磚雕為一平頂屋簷，有簷椽和瓦口，屋頂之下彩繪門窗、欄杆等。東北壁繪製壁畫，顏料有黑、紅、褐，因殘損嚴重，內容不詳。東南壁磚雕位於墓壁下半部。上端為一弧形屋簷，結構與北壁西側磚雕屋頂一致，其下正中置一門，門和屋頂間繪有壁畫，已基本剝落。南壁中部為甬道，甬道兩側分別用紅彩和黑褐彩繪製壁畫，因殘損嚴重，內容不詳。西南壁磚砌一燈架，通高 90、底寬 74、突出牆面 4 釐米。座呈「幾」字形，座上為立柱，立柱上有 3 個燈盞。燈盞之上用紅彩繪火焰紋。西北壁上端有一突出牆面 0.7 釐米的勾雲形浮雕，通體施黃彩。勾雲浮雕下面有一組簷椽。簷椽突出牆面 5 釐米。其餘空間繪有紅褐彩，圖案及內容不詳（圖 4-19）。

圖 4-18　內蒙古清水河縣山跳峁墓地 M3 墓室平面圖

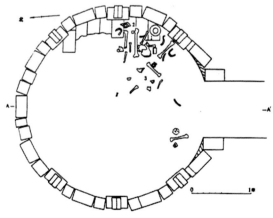

圖 4-19　內蒙古清水河縣山跳峁墓地 M3 墓壁展開示意圖

　　M4　位於墓地北部西端，是此次發掘中最完整的墓葬之一。墓門爲仿木結構，門額間有彩繪。瓦口之上兩側置鴟吻，中間用紅彩繪一火焰紋。甬道爲拱洞式。墓室平面呈圓形，直徑 3～3.1 米，高 2.58 米，方向 185°（圖4-20）。八組柱頭鋪作將墓壁分爲八個壁面，鋪作上施彩繪。散斗之上用一層平磚表示撩簷方。上作簷椽。椽頭平面呈圓形，施桔紅彩。瓦口之上即爲穹隆形墓頂。墓壁與墓頂均繪有壁畫。北壁正中爲一桔紅色門，門的上方繪有老者、婦人、黑衣人、雷公、羽人、房屋、傢具等。闌額上方繪有羽人和山峰。東北壁下部有一組磚雕，內容爲剪子、帶流勺和熨斗。中部兩側各有一格子窗。此壁壁畫大部分已剝落，只在近闌額處，依稀可見有長者、童子和

圖 4-20　內蒙古清水河縣山跳峁墓地 M4 墓室平、剖面圖

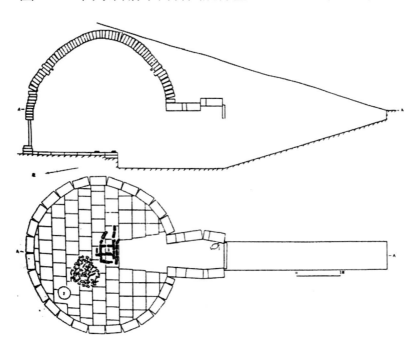

樹木等。闌額上方殘存飛禽、山峰和樹木。東壁下部為格子門，其上壁畫殘存一組人物。闌額上方的壁畫保存較好，繪有山峰、樹木、鹿等。東南壁正中上端磚雕屋檐，兩側各一格子窗。簷椽下殘存弓囊的上半部，通體黑彩，其下繪一箭囊。南壁除中部甬道外也繪有壁畫，但大部分殘損。甬道門左側殘存男子和婦人像各一。西南壁磚砌一燈架，左右格子窗各一。壁畫已全部剝落，僅在闌額上方殘存山峰、樹木、飛禽。西壁正中置一格子門，壁畫大部分剝落，僅殘存一男子、房屋、樹木等。闌額上方繪有山峰和三隻飛鳥。西北壁兩側各有一格子窗，左側窗上繪有房屋，房屋牆壁為桔紅色，屋頂為黑色。壁畫大部分剝落，僅殘存右上角六人，描繪的應是勞作場景。闌額上繪有山峰、野豬。墓頂壁畫剝落，內容不祥（圖 4-21）。

圖 4-21　內蒙古清水河縣山跳峁墓地 M4 號墓展開示意圖

　　M6　位於墓地北面東端，方向 182°。墓道長 3.9 米，墓門為仿木結構，有彩繪。墓室平面呈圓形，直徑 2.04～2.1 米（圖 4-22）。四組柱頭鋪作將墓壁分為四個壁面，鋪作上施彩繪。該墓壁畫除東壁保存較好外，其他三壁均有不同程度的剝落。北壁下方正中砌有一直欞門框，上施彩繪。門兩側各繪一方形格子窗。此壁壁畫基本全部剝落。東壁正中近底部置一格子門，門的兩側各有一組磚雕，左側為托茶碗、帶流勺，右側雕有熨斗、尺子、剪子。門的上方繪兩個格子窗，兩窗之間為黑彩勾勒的丹頂鶴和長頸鹿。窗左繪有兩個僧人，窗右殘存兩個人物頭部。闌額上方繪有一龍。南壁僅在甬道門兩側殘存少量壁畫，左側繪有人物、弓囊、箭囊等。西壁近底部偏南處置一格子門，壁畫僅殘存四個人物，闌額之上殘存一隻虎的上半部（圖 4-23）。

圖 4-22　內蒙古清水河縣山跳峁墓地 M6 墓室平、剖面圖

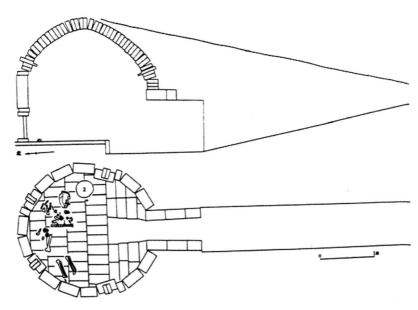

圖 4-23　內蒙古清水河縣山跳峁墓地 M6 墓壁展開示意圖

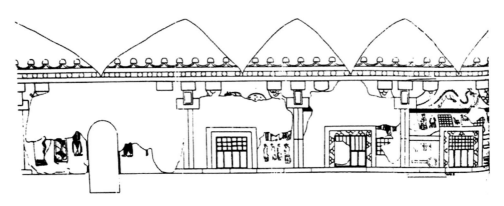

　　M7　殘損嚴重，僅墓室西北壁保存有一組《吹奏圖》。畫面共五人，呈隊列式。

　　廊坊固安縣公主府磚場五代墓（M1、M2）　兩座墓室均遭破壞，M1 僅見殘磚，無法分辨墓室形制；M2 破壞嚴重，東墓壁保存較為完整，清理後墓室平面近似圓形，南北徑 3.25 米，東西徑 3.42 米，殘存磚雕斗栱一朵，柱頭斗栱為四鋪作把頭絞項造，一斗三升，上承撩簷枋、撩橑、瓦，上接雕斗子蜀柱及直臂叉手栱，上承枋子一道，枋上置柱頭、輔間斗栱，均為一斗三升。

墓室殘存有磚雕直櫺窗一處。墓室內壁有紅、黃、白、黑四色彩繪痕迹，圖案紋飾漫漶不清。隨葬品有陶器、瓷器等。

B4 型　僅裝飾有仿木建築磚雕的單室墓，此類墓葬有洛陽伊川孫璠墓、伊川縣窯底鄉李俊墓。

洛陽伊川孫璠墓（後晉天福五年，940）　該墓爲磚室墓，方向 190°，由墓道、甬道、墓室組成。斜坡式墓道，長 10 米，甬道平面呈長方形，墓室平面呈圓形，直徑 5.02～5.08 米（圖 4-24）。墓室中央爲雙層棺床。墓壁爲磚砌仿木結構，以墓室中心線爲軸，左右爲對稱的八根方形抹角倚柱。柱高 1.4 米，上承鋪作，柱間爲闌額，倚柱和闌額塗朱彩。甬道兩側倚柱間爲第 1 壁面，依順時針方向，各壁面磚砌內容分別爲：第 2 壁面，中央爲燈檠，上出三枝，置三燈盞；第 3 壁面，左下爲小桌，上置注子、盞及托，桌塗朱。桌高 30、寬 63 釐米。右下似凳，亦塗朱；第 4 壁面，兩橫額將其分爲三部分，上爲障日板，中爲七櫺窗，下爲兩抹隔扇門，表面均塗朱；第 5 壁面，上爲障日板，下爲雙扇門，右扇上有一鎖。鎖抹黑，餘塗朱。第 6 壁面同第 4 壁面。第 7 壁面，下部中央爲長方形櫃。外橫掛一鎖，鎖抹黑；第 8 壁面，居中爲大方桌，塗朱。周壁柱頭鋪作 8 朵，皆爲「一斗三升」，中央散斗抹黑，其他塗朱。鋪作間、闌額上有突出壁面 10～16 釐米的半圓形磚，塗朱。斗栱上依次爲撩簷方、簷椽、板瓦，撩簷方、簷椽塗朱。板瓦以上爲疊澀頂，頂高 43.2 米。墓頂繪星象圖。其中太陽塗朱，居甬道之東；月亮抹白，居甬道之西。該墓曾被盜。出土器物 13 件，大多置於棺床周圍。包括陶器、瓷器、銅錢、鐵犁、鏡等。並有墓誌一方。

圖 4-24　後晉孫璠墓平面圖

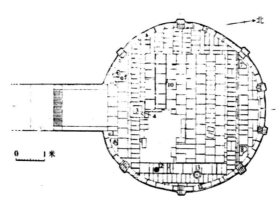

　　伊川縣窯底鄉李俊墓（後晉開運三年，946）　該墓為磚室墓，由墓道、墓室兩部分組成。墓室為十二面多角形，兩壁之間折角有柱，柱頭有斗栱、瓦簷、耍頭等，兩立柱間每隔一壁飾以豎磚窗櫺，兩窗之間砌有方龕或桌椅。出土有陶器、銅錢等。並有墓誌一方。

　　張家口市宣化區五代墓　該墓為磚室墓，墓葬呈南北向，磚砌仿木穹窿頂單室墓，墓室平面為圓六角形，直徑 3.58 米。墓室靠北壁處有磚砌棺臺，墓室北壁有磚砌窗戶，周壁有斗栱六朵，斗栱下承六角形立柱，立柱高 1.6 米。斗栱、立柱均仿木磚砌。塔形器腹底部有圓形或方形通孔，腰部外凸兩平臺，口沿和平臺上分別塑有植物及立式人物，人像頭梳髻，寬衣著裙，作拱手狀。平臺下塑飛天狀人物，底部和平臺之間分別塑有獸首和跪式人物。隨葬品多為陶器，皆在棺臺上，只有塔形器置於墓門兩側。

　　B4　無裝飾的單室墓。此類墓葬是曲陽澗磁村發掘的三座五代墓。

　　曲陽澗磁村 4 號墓　為磚砌圓形單室墓，四壁僅遺有磚砌痕迹，土底。方向 168°，直徑 2.05 米。墓頂及墓門已塌，結構不詳。墓道長方形，位於墓室南部。出土的隨葬物有瓷碗、瓷盤、瓷枕、三足爐等。

　　曲陽澗磁村 5 號墓　為河卵石砌圓形單室墓，土底。墓頂、壁及墓門已塌毀，結構不詳。墓室方向 160°，直徑 2 米。墓道長方形，位於墓室南面。出土的隨葬物有瓷碗、陶缽。

　　曲陽澗磁村 6 號墓　為磚砌圓形單室墓，四壁僅遺有磚砌痕迹，土底。墓室方向 160°，直徑 1.7 米。墓頂及墓門已塌，結構不詳。僅出土瓷枕 1 件。

　　C 型　單室土洞墓，壁面無裝飾。此類墓葬包括洛陽高繼蟾墓、洛陽後周墓、洛陽後晉墓、鞏義市北窯灣五代墓、西安東郊黃河機器製造廠五代墓、山東煙臺市芝罘區五代墓等。

　　洛陽高繼蟾墓（後梁開平三年，909）　該墓為土洞墓，方向 180°，由墓道、甬道、墓室組成。墓道豎穴式，平面呈南窄北寬的梯形，長 2.58 米。甬道為過洞式，墓室平面長方形，拱形頂，長 3.6、寬 2、高 2 米（圖 4-25）。出土遺物有墓誌、陶罐、陶硯、青瓷碗、白瓷碗、白瓷壺、白瓷枕、銅鏡、鐵牛等。

　　洛陽後晉墓　該墓為土洞橫室墓，坐北向南，偏東 10°。墓室長 2.45、寬 1.30 米，室中放置木棺一具。隨葬品大多放在頭部，有陶瓷器、錢幣等。

圖 4-25　洛陽高繼蟾墓平、剖面圖

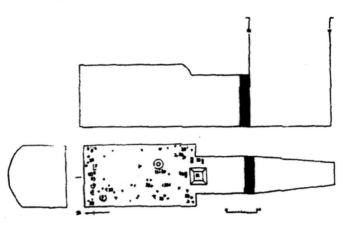

　　洛陽後周墓（約後周顯德二年，955～宋建隆元年，960）　　方向 180°，由墓道、甬道、墓室組成。甬道呈弧形頂，長 1.1 米。墓室呈梯形，東西橫列，西壁寬 3.4、東壁寬 2.8、長 4.7 米（圖 4-26）。墓頂為拱形。高 3.4 米，墓室四壁底部有高 0.5、深 0.1 米的小龕 13 個。出土有陶器、石盒、銅鏡、銅錢等。

圖 4-26　洛陽後周墓平面圖

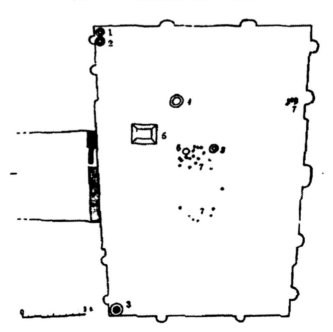

　　鞏義市北窯灣五代墓　共 5 座（編號分別是 92GZBM8、M16、M24、M25 和 M26），均長方形豎穴墓道，東西向長方形土洞墓室（橫室）。M26 墓道長 2.4、寬 0.9、深 4.4 米。墓室東西 2.76、南北 1.4、高 1.3 米。圓拱形墓頂。方向 175°（圖 4-27）。M16 墓室底部用邊長 31 釐米的方磚鋪地，墓室被盜，僅在墓室中部出土 5 枚開元通寶和 1 枚唐國通寶錢（圖 4-28）。M24 墓室呈西寬東窄的梯形，東西長 3.34、西寬 1.9、東寬 1.48、高 1.6 米。圓拱形墓頂。隨葬器物不見俑類和庖廚明器，只有幾件陶、瓷器。

圖 4-27　鞏義市北窯灣五代 M26 平面圖

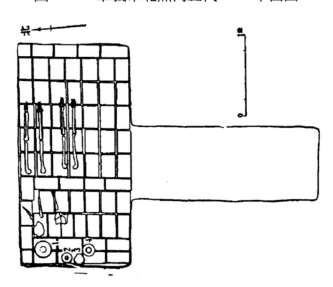

圖 4-28　鞏義市北窯灣五代 M16 平、剖面圖

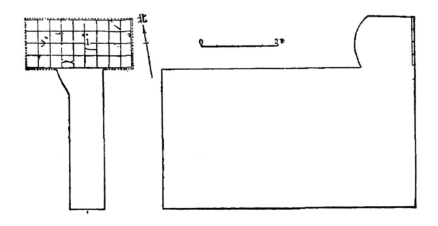

　　西安東郊黃河機器製造廠五代墓（M5）　　該墓爲豎井墓道洞室墓，平面呈「刀」字形，方向 170°（圖 4-29）。墓道長 1.90、深 1.46 米，墓室長 2.10、寬 1.10 米。出土有瓷器、銅錢等。

圖 4-29　西安東郊黃河機器製造廠五代墓平面圖

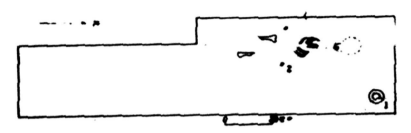

　　山東煙臺市芝罘區五代墓　　該墓爲土坑豎穴石槨墓，長約 2.9 米、寬 0.7 米、高約 0.5 米。石槨的形狀不太規整，多采用 6～7 釐米厚的石板砌成。隨葬品爲陶器、瓷器等。根據出土器物的形制，報告將其年代定爲五代以後。

　　通過對五代墓葬材料的梳理，我們可以看到，與唐代相同，這時期的墓葬壁畫或磚雕仍然多出現在高規格的墓葬中，如王處直墓、李茂貞夫婦墓、馮暉墓、田庄大墓等，部分的中層墓葬裝飾有壁畫或磚雕，如內蒙古清水河縣山跳峁墓地和洛陽伊川孫璠墓，而下層墓葬多爲土洞墓，壁面無任何裝飾。

　　從墓葬形制來看，這些墓葬並未表現出統一的等級制度，而是具有明顯的地域性和多樣性。此時的帝陵也各不相同，山西的極建陵爲長墓道圓角方形單室墓，河南周恭帝順陵則爲圓形單室墓。其他高規格墓葬亦存在明顯差異。地處河北定州的王處直墓爲帶耳室的兩室墓，這種形制不見於唐代壁畫墓。田庄大墓是一座帶有長墓道的多室墓，墓室總數多達十二個。長長的墓葬、東西兩壁繪製大型儀衛壁畫的做法延續了唐代壁畫墓的傳統，但多室的特點與唐代墓葬迥然不同。就墓室的數量而言，與南唐二陵較爲接近，但墓室平面爲圓形的做法不見於南唐二陵。陝西地區的高規格墓葬亦延續了唐代京畿地區的長墓道傳統，但墓道中不再有天井，墓室爲單室或雙室，如李茂貞夫婦墓和馮暉墓。其中，李茂貞夫人墓的後室和馮暉墓的墓室均附有三個耳室，這種形制不見於唐代壁畫墓。兩墓均屬後晉時期，可看作墓葬形制在此時出現的新變化。而內蒙古和洛陽等地多爲圓形單室墓或多邊形墓，這些墓葬中均裝飾有仿木建築磚雕，如洛陽伊川孫璠墓、內蒙古清水河縣山跳峁墓地。

　　從壁面裝飾來看，可分為兩種：一種是彩繪壁畫，如王處直墓、李茂貞墓，這種做法顯然承接了唐代壁畫墓傳統；另一種是彩繪、磚雕相結合，如極建陵、李茂貞夫人墓、馮暉墓、洛陽伊川孫璠墓、內蒙古清水河縣山跳峁墓地等。

　　從壁畫或磚雕的題材來看，各個墓葬呈現出極大的差異。後唐的極建陵仍注重強調帝王的身份，甬道兩壁彩繪「出行圖」和「儀仗圖」，在墓室四周還間隔放有 11 尊石雕官服人像。而後周恭帝的身份則較為特殊，他在繼位 8 個月後便被迫禪位於趙匡胤，並被封為「鄭王」，因此其墓中並未繪製代表帝王身份的禮儀圖像，而是僅有武吏端斧圖、文吏迎侍圖等。儘管目前尚無法確認田庄大墓的墓主身份，但其墓葬繪製的大型儀衛壁畫亦彰顯了墓主人的尊貴地位。而墓室內分佈的仿木磚雕則體現了墓葬裝飾的新面貌。王處直墓室四壁滿繪壁畫，題材涉及人物、花鳥、山水、器物、竹石等，本書第二章已對這些圖像進行了詳細討論，茲不贅述。李茂貞墓壁畫現已不存，其夫人墓為壁畫磚雕相結合，其中的壁畫多已脫落，僅存後室的侍者圖、花草圖等。磚雕的內容包括乘鳳駕鶴西遊圖、轎子圖、胡人牽駝圖、漢人牽馬圖、伎樂圖，其中僅伎樂圖見於馮暉墓，其他題材均是唐、五代墓葬中所未見。馮暉墓的甬道兩壁為伎樂磚雕，其造型與技法與李茂貞夫人墓極為相似，可看作陝西的地方特色，但這一形式卻在宋代墓葬中得到了充分發展。馮暉墓室的四壁亦是滿繪壁畫，但題材與王處直墓大不相同，其中墓室四壁全以赭色襯底，白底淡黃色團花牡丹相間，三團花之間填以淡黃色牡丹，甚至四壁的小龕也被視作平面，連續繪有類似的花卉圖案。南唐二陵中也出現了類似的花卉圖案，但主要集中在仿木構件上，如立枋、倚柱、斗栱等。馮暉墓的做法應是在模仿地上居室四壁懸掛織錦的裝飾手法。

　　可見，儘管中原地區未像南方那樣分裂為不同的政權，但政權更迭頻繁，再加上中唐以來的藩鎮割據，使得各地的墓葬美術呈現不同的面貌。這時期的墓葬一方面延續了唐代壁畫墓的一些特點，另一方面又根據地方傳統或個人意願進行了不同程度的改造。

二、十國

　　目前發現的十國墓葬多屬前、後蜀、南唐、吳越、閩國、南漢等政權，主要分佈在四川、江蘇、浙江、福建、廣東等地。

（一）前、後蜀

目前發現的前、後蜀墓多分佈在四川成都地區，主要有 1942～1943 年發掘的前蜀王建墓〔註 26〕、1957 年發掘的後蜀宋琳墓〔註 27〕、華陽縣後蜀李韡墓〔註 28〕、1971 年發掘的孟知祥墓〔註 29〕、1974 年發掘晉暉墓〔註 30〕、1977 年發掘的成都市東郊後蜀張虔釗墓〔註 31〕、蒲江後蜀李才墓〔註 32〕、1984 年發掘的後蜀孫漢韶墓〔註 33〕、1985 年發掘的後蜀徐鐸夫婦墓〔註 34〕、1990 年發掘的前蜀周皇后陵〔註 35〕、1995 年發掘的成都市五代墓（M2）〔註 36〕、1998 年發掘的成都梁家巷五代墓〔註 37〕、成都市龍泉驛前蜀王宗侃夫婦墓〔註 38〕、1999 年發掘的成都市高新區紫荊路唐末五代墓（M2）〔註 39〕、2001

〔註 26〕 馮漢驥：《前蜀王建墓發掘報告》，文物出版社，2002 年。

〔註 27〕 《四川彭山清理後蜀墓一座》，《文物參考資料》1958 年第 3 期，頁 85；四川省博物館文物工作隊：《四川彭山後蜀宋琳墓清理簡報》，《考古通訊》1958 年第 5 期，頁 18～26。

〔註 28〕 任錫光：《四川華陽縣發現五代後蜀墓》，《文物參考資料》1958 年第 3 期，頁 67。

〔註 29〕 成都市文物管理處：《後蜀孟知祥墓與福慶長公主墓誌銘》，《文物》1982 年第 3 期，頁 15～20。

〔註 30〕 四川省文物管理委員會：《前蜀晉暉墓清理簡報》，《考古》1983 年第 10 期，頁 915～918＋907。

〔註 31〕 成都市文物管理處：《成都市東郊後蜀張虔釗墓》，《文物》1982 年第 3 期，頁 21～27。

〔註 32〕 龍騰、李平：《蒲江發現後蜀李才和北宋魏訓買地券》，《四川文物》1990 年第 2 期，頁 43～45。

〔註 33〕 成都市博物館考古隊：《五代後蜀孫漢韶墓》，《文物》1991 年第 5 期，頁 11～26。

〔註 34〕 年公、黎明：《五代徐鐸墓清理記》，《成都文物》1990 年第 2 期，頁 49～54；成都市博物館考古隊：《成都無縫鋼管廠發現五代後蜀墓》，《四川文物》1991 年第 3 期，頁 58～62。

〔註 35〕 周爾太：《成都市發現前蜀宮廷古墓》，《成都文物》1990 年第 4 期，頁 63。關於墓主人的考證見張亞平：《「前蜀」后妃墓應爲前蜀周皇后墓》，《四川文物》2003 年，頁 36～37。

〔註 36〕 成都市文物考古工作隊：《成都市五代墓出土尊勝陀羅尼石刻》，《四川文物》1999 年第 3 期，頁 100～102。

〔註 37〕 成都市文物考古工作隊：《成都梁家巷唐宋墓葬發掘簡報》，《四川文物》1999 年第 3 期，頁 108～113。

〔註 38〕 成都文物考古研究所、龍泉驛區文物保護管理所：《成都市龍泉驛五代前蜀王宗侃夫婦墓》，《考古》2011 年第 6 期，頁 33～44。

〔註 39〕 《成都市高新區紫荊路唐宋木發掘簡報》，成都市文物考古研究所編著：《成都考古發現》（1999），頁 193～201。注：報告中認爲 M2 的年代爲唐末五代時期。

年發掘的成都市雙流縣華陽鎮五代墓（M2）〔註40〕、成都市龍泉驛區五代墓
（M3、M4、M8、M10、M11）〔註41〕、2003 年發掘的成都市青白江區景峰
村五代墓〔註42〕、2004 年發掘的廣漢煙堆子遺址五代墓〔註43〕、2005 年發掘
的華陽五代墓〔註44〕、2010 年發掘的四川成都後蜀宋王趙廷隱墓〔註45〕，此
外，還有成都近郊五代後蜀墓〔註46〕等。根據墓葬形制、佈局及墓葬裝飾，
可將這些墓葬分爲四型。

　　A 型　三室墓，此類墓葬包括王建墓、前蜀晉暉墓、後蜀張虔釗墓、孫
漢韶墓、宋琳墓、成都市雙流縣華陽鎮五代墓（M29）。根據墓葬的規模、材
質、耳室的數量及裝飾可將這些墓葬分爲四個亞型。

　　A1 型　大型紅砂岩券拱三室墓，無耳室，無墓道，墓葬建於地面之上。
棺床設在中室，後室有墓主人雕像。此型僅王建墓一例。

　　王建墓（光化元年，918）　又稱永陵。該墓地上有陵臺，現高 15 米，
直徑 80 米，圓形，周圍界以石條（圖 2-1）。墓室全長 30.8 米，室內長 23.4
米，由十四道券組成，分三室。中室最大，後室次之，前室最小。每室之間
以木門間隔，前室門高 4.86、寬 4.62 米；中室門高 4.74、寬 3.53 米；後室門

〔註40〕成都市文物考古研究所、雙流縣文物管理所：《成都市雙流縣華陽鎮綠水康城小
　　　　區發現一批磚室墓》，成都市文物考古研究所編著：《成都考古發現》（2003），
　　　　科學出版社，2005 年，頁 347～373。注：報告並未區分出那座墓葬爲五代時
　　　　期，而是將這些墓葬劃分爲唐末至宋初，由於唐末、宋初與五代極爲接近，墓
　　　　葬特點也極爲相似，因此本書暫將這些墓葬放在五代墓葬中來討論。

〔註41〕成都市文物考古研究所、龍泉驛區文物保管所：《成都市龍泉驛區洪河大道南
　　　　延線唐宋墓葬發掘簡報》，《成都考古發現》（2001），科學出版社，2003 年，
　　　　頁 163～177。注：報告將該地區發掘的 M3、M4、M8、M10、M11 的年代定
　　　　爲五代至北宋時期，但這些墓葬的形制基本一致，因此本書暫將其作爲五代
　　　　墓葬研究的資料來討論。

〔註42〕成都市文物考古研究所、青白江區文物管理所：《成都市青白江區景峰村五代
　　　　及宋代墓葬發掘簡報》，成都市文物考古研究所編著：《成都考古發現》
　　　　（2003），頁 331～346。

〔註43〕四川省文物考古研究院、德陽市文物考古研究所、廣漢市文管所：《2004 年廣
　　　　漢煙堆子遺址晚唐、五代墓地發掘簡報》，《四川文物》2005 年第 3 期，頁 3
　　　　～10。

〔註44〕王嘉：《華陽出土五代時期古墓》，《成都日報》2005 年 9 月 15 日第 B02 版。

〔註45〕王毅、謝濤、龔揚民：《四川後蜀宋王趙廷隱墓發掘記》，《中國社會科學報》
　　　　2011 年 5 月 26 日第 8 版。

〔註46〕洪劍民：《略談成都近郊五代至南宋的墓葬形制》，《考古》1959 年第 1 期，頁
　　　　36～39。

高 3.53、寬 4.58 米，三門製作和裝飾完全相同。墓內所有的券除前室第一券為三重、第二券為單重外，其他均為雙重券，券與券之間鋪以石板（圖 2-2、圖 2-62）。墓室四壁先敷細泥一層，厚約 2～3 釐米，再全部塗白堊，在白堊表面，券頂塗天青色，券以下的牆壁均塗朱色。

前室由四道石券構成，長 4.45、寬 3.8、高 5.45 米。第一道券牆 1.6 米以下較寬，將封門石條取去後，發現白堊上有紅綠顏色的痕迹，似繪有人物，但已漫漶不清。第三道券下重券額上繪有彩畫，僅保存券額當頂部分。彩畫寬 43～60 釐米，現存一段長約 4.5 米。前室的主要作用相當於羨道，其面積僅能容門扇的啓閤及踏道，應不會置有殉葬品，發掘中未發現任何器物的痕迹。

中室由七道石券構成，長 12、寬 6.1、高 6.4 米。墓室中部設有棺床，為紅砂岩建築，作須彌座式，高 0.89、長 7.54、寬 3.35 米。須彌座的方澁厚 11.5 釐米，東、南、西三面皆刻龍戲珠。南面刻二龍；東西兩面各刻三龍，併兼以雲氣紋；北面僅刻雲氣紋。罨澁厚約 6 釐米，雕仰蓮一周。床身東西兩面各雕壼門十，內刻伎樂，壼門柱子皆刻蓮荷花；南面雕壼門四，中刻伎樂，壼門柱子上刻有鸞鳳；北面亦刻壼門四，壼門中與壼門柱子皆刻蓮花。床脚刻覆蓮一周，腰部則刻單枝條俯仰相間的蓮花，牙脚刻覆蓮。雕刻全部敷色，主要部分貼金，出土時隱約可見（圖 2-7）。棺床的東西兩側各有六人，股以下均埋於地中，自股至頂高 50～63 釐米，身著甲，頭束髮或戴盔，雙手置於棺床之下，似將棺床擡起擁護之狀（圖 2-42）。

棺槨除其上的擡環、包片、飾片、泡丁等為銅鐵之外，全部為木製。木上髹漆，大部分略有痕迹可尋。全長 4.24、南端寬 1.6、北端寬 1.8 米，厚約 8 釐米。槨的兩側有「柵形物」各一排，應是一種裝飾性的窗欞。窗欞之柵，為 1 釐米見方的小木條。窗的上下裝飾有「丁」字形鎏金小銅片。小銅片之間有裝飾性的小斗栱，其上部似有一斗三升式。槨的兩檔為門作形式，僅為一種裝飾，實際上不能啓用。棺中有水銀、玉帶、銀器等。

棺槨放在一個三層臺級上，臺級全部為木作。整個臺級及棺槨髹漆，但各部分的顏色略有不同。臺級似為漆的本色，黑中略帶紅。槨的漆色中帶金色，門則為朱紅。棺為赭紅色，門則為朱色。

後室由三道券拱組成，較中室之券為低，跨度亦較小。全室長 5.7、寬 4.4、高 5.5 米。從後室門的高度和突出的券牆來看，此門過大，不能完全敞開。此室主要用途為放置死者造像、諡寶以及玉冊等法物。石床位於後室最

後，約占全後室一半。床正中高 79 釐米，兩端略下沉。其正面，上爲簷，突出約 4 釐米，寬 16 釐米，浮雕雙龍戲珠；簷下正中雕盤龍一，東西兩邊各浮雕一獅形獸，其周圍刻雲紋，兩端各有一龍戲珠。王建造像、寶盝及冊匣等均置於其上。石床上有王建的坐像（圖 2-13）。

此外，還出土有銅鏡、鏡奩、石缸、陶盆、燈檯等。

A2 型　大型磚砌三室墓，並有多個耳室。棺床設在中室，其上均裝飾有浮雕。此型墓葬有前蜀晉暉墓、張虔釗墓、後蜀孫漢韶墓、後蜀宋琳墓。

前蜀晉暉墓（前蜀乾德六年，924）〔註 47〕　該墓爲南北向，墓向爲 190°，是一座較大的磚室墓，全長 12 米以上，由前、中、後室及四個耳室組成（圖 4-30）。前室長約 2.5、寬 3.5 米，中室寬 3.1 米，長度不明。前部有三層階梯，階梯後部是高 45 釐米的棺臺，寬與墓室相同，因後部壓在房基下，長度不明。棺臺最上層的磚向外伸出，作屋檐狀，中部有長、寬各 14、進深 4 釐米的假窗五個。棺臺上有人骨，頭向北。還有鐵棺釘、銅錢、陶片和一方

圖 4-30　前蜀晉暉墓平面圖

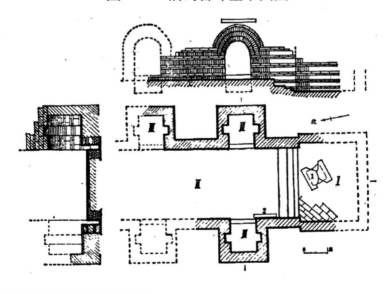

〔註 47〕 晉暉，唐僖宗因黃巢起義入蜀避難時，晉暉與王建、韓建、張造、李師泰等各率一支部隊投奔僖宗，號稱「隨駕五都」。後爲王建寵臣，封爲弘農郡王。（《十國春秋·前蜀六·列傳·晉暉》卷四十，《四庫·史部·載記類》（159），頁 190～191。）根據墓誌，晉暉生於唐會昌四年（844），卒於前蜀後主王衍乾德五年（923），與《十國春秋》的記載不符，應是後者記載有誤。丁祖春：《讀前蜀晉暉墓誌銘札記》，《成都文物》1991 年第 2 期，頁 36～40。

墓誌。中室兩側各有兩個耳室，形制相同，頂作圓拱形，僅東壁前一個耳室較完整。耳室內砌有高 75 釐米的供臺，上置隨葬品。該墓多次被盜，最早可能在北宋中葉。墓誌紅砂岩製成，蓋邊長 106、高 9 釐米，爲盝頂式，邊長 52 釐米，墓誌銘長達 2827 字。

　　張虔釗墓（後蜀廣政十一年，948）　　大型券拱磚室墓，方向南偏東 44°。分前、中、後三室，並附有多個耳室。全長約 27 米，寬 5 米，高約 4 米。斜坡形墓道，共十四級階梯，長 8 米（圖 4-31）。前室長 5.2 米，寬 3.9 米，左右各一耳室。中室長約 10.6 米，寬 5 米，左右兩側各有三個耳室。後室略呈正方形，長 2.9 米，寬 2.8 米，左右兩壁各有一進深極淺的拱形壁龕。室內壁粉石灰，上塗赭色，所繪壁畫已毀。靠近墓門口的淤泥之中還發現有許多木炭，墓壁和石刻表面皆有嚴重的煙薰痕迹。此墓可能曾被火焚。棺床設在中室，爲一紅砂岩建築。床作須彌座式，長 6.9 米，寬 3.6 米，高 0.82 米。方澀厚 10 釐米，刻牡丹花。罨澀厚 8 釐米，雕仰蓮，床角上部刻覆蓮。床身四周有 16 個長方形的柱子，每邊各四，高 48 釐米，寬約 28 釐米，均刻力士像，其中四個力士位於棺床四角。力士均捲髮披頭，高鼻、鎖眉、大嘴、鼓眼、赤足。形態爲右手叉腰，左手托棺，或左手叉腰，右手托棺。柱子之間鑲嵌壼門，南北兩面各三，每方寬 66 釐米，高 46 釐米。東西兩側各五，每方寬 94 釐米，高 46 釐米。共計 16 方（清理後僅發現 14 方，其中一方已殘）（圖 4-32、圖 4-33、圖 4-34）。

圖 4-31　張虔釗墓平、剖面圖

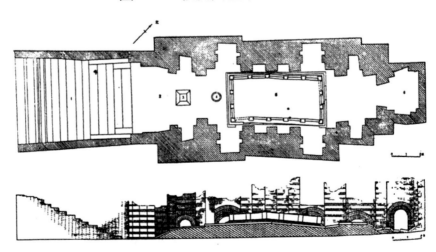

圖 4-32　張虔釗墓須彌座棺床

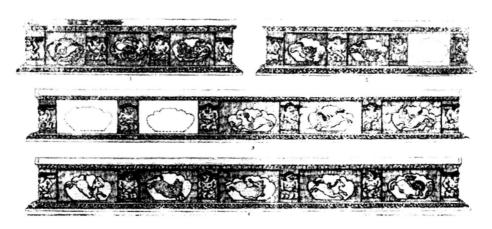

圖 4-33　張虔釗墓須彌座棺床壺門石刻

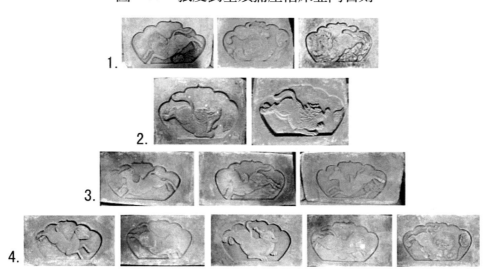

（1.南面；2.北面；3.東面；4.西面）

圖 4-34　張虔釗墓須彌座棺床力士浮雕

南面：自西至東刻馬、獅、獬豸〔註48〕。

北面：自東至西刻獬豸、獬豸、□。

東面：自南向北刻□、□、羊、馬、鹿。

西面：自北向南刻鹿、麒麟、貘、馬、獅。

殘方爲貘，鑲嵌何處不得而知。

墓誌平放於前室正中，用細紅砂石製作，正方形，邊長 100 釐米，厚 15.5 釐米。誌蓋周圍陰刻雲紋、蓮花和卷草紋，中間篆書「大蜀故贈太子太師賜諡溫穆清河郡張公墓誌銘」，四行十一字。誌文楷書，已殘，五十三行，約 2546 字。此外，還出土有買地莂、鋪首、銅鈴、陶碗、石缸、四耳陶罐等。

後蜀孫漢韶墓（廣政十八年，955）〔註49〕　地面有封土，高約 7 米，面積 80 平方米，略呈覆斗形。邊緣有用磚砌成的加固牆，僅殘存東北部一段。地下爲券頂磚室墓，墓葬方向 270°。由前、中、後室組成，殘長 18.8 米。前室已破壞，結構不清楚，券頂已坍塌。平面呈梯形，兩壁微外侈（圖 4-35）。殘長 5.1、內端寬 3.65、高 4.6 米。兩壁各有一長方形小龕。中室長約 10 米，寬

〔註48〕原報告認爲此獸爲獅子，但其造型及身上雕刻的花紋來看，與棺床上其它獅
　　　　子的造型相差甚遠，卻與獬豸更爲接近。因此，筆者認爲該獸應爲獬豸。

〔註49〕報告誤爲 956 年。

圖 4-35　孫漢韶墓平面圖

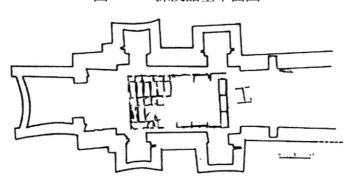

3.8～4.3 米，券頂已坍塌，殘高 4.8 米。左右兩壁各有兩個對稱的方形耳室，均券頂，內有 1～2 個狹長的小壁龕。中室內壁抹石灰，並繪有壁畫，因長期侵蝕，壁畫已毀，僅殘存彩繪藤枝，施以紅褐黃綠等色。〔註 50〕中室中部設棺床，先以黃黏土堆積成長方形臺，然後以紅砂岩石板鋪蓋。棺床須彌座形，長 6.45、寬 3.5、高 0.52 米。棺床四周鑲嵌石雕，方澀厚 6 釐米，陰刻牡丹花紋。罨澀厚 5 釐米，雕仰蓮。床腳方、罨澀也雕同樣花紋。上下方澀之間嵌以石刻壺門。棺床四周邊角有長方形紅砂石石柱，柱上雕擡棺力士像，每方石刻壺門間均隔以擡棺力士石柱，圍繞棺床四周。石柱高 30、寬 20 釐米，正面雕力士像，兩側均鑿含口，以嵌石刻壺門。力士捲髮披肩，有的帶襆頭，鎖眉鼓眼，懸鼻大嘴，袒胸赤足，單跪或盤坐，雙手叉腰間，用肩托棺。其分佈為棺床北側四塊，東側四塊，南側三塊，西側淤土中一塊。石柱間的壺門，由於擾亂，僅北側殘存 3 方，壺門寬 73、高 30 釐米，上面雕刻獅、鹿、羊、象虎等動物形象（圖 4-36、圖 4-37、圖 4-38）。後室略呈方形，長 3.7、寬 3 米，左右兩壁後部略向外敞，券頂高 4 米。隨葬品有：墓誌 1 合，陶建築模型 1 套，包括照壁、閣、過廳、亭、假山、素面牆、假山牆，陶俑包括武士俑 1 件、戴冠俑 1 件、侍俑 4 件、文俑 1 件、僕俑 9 件、俑頭 3 件、匍伏俑 1 件、狗 1 件、玩具狗 1 件、雞 1 件（圖 4-39）。此外還有銅器、玉石飾片等。

　　A3 型　中型三室磚墓，此類墓葬有後蜀宋琳墓、華陽縣後蜀李韠墓。

　　後蜀宋琳墓（廣政十八年，955）　券頂磚室墓，頂部建築已毀。分為前、中、後三室，中室東西各一耳室（圖 4-40）。墓底的高低和寬度不同，可分為

〔註 50〕關於殘存壁畫的情況見史占揚：《珍貴的地下文化寶藏——成都五代墓壁畫》，《成都文物》1989 年第 4 期，頁 17～21。

圖 4-36 孫漢韶墓棺床周圍石刻示意圖

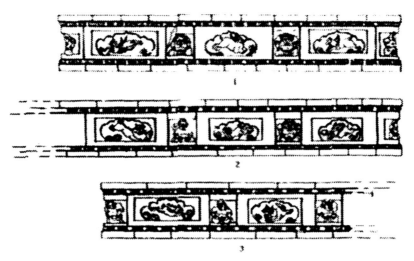

（1 東側；2 南側；3 北側）

圖 4-37 孫漢韶墓棺床石柱雕刻

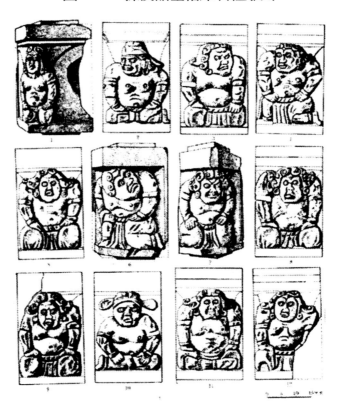

圖 4-38　孫漢韶墓棺床石刻壺門

圖 4-39　孫漢韶墓陶俑

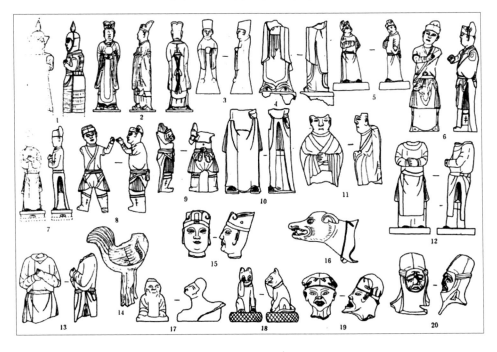

圖 4-40　宋琳墓平面圖

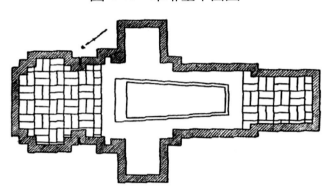

三級（即前、中、後三室）。全長 7.64、寬 12.8～2.4 米，墓底至券頂高 1.52
～3 米，方向爲南偏東 42°。前室長 2.4、寬 2.36 米。與中室聯接處有小龕，龕
的上部有磚砌的窗格七個。中室長 3.66、寬 1.6～2.4、高 3 米。東西兩壁各有
五個栱柱。左右兩壁各有一耳室。券門上方有磚砌的斗栱兩個，向上 0.5 米處
有七個窗格。後室長 1.6、寬 1.28、高 1.36 米。石棺位於中室，紅砂岩製成。
棺蓋長 3.06、寬 0.78～1.19 米，厚 0.46～0.54 米。頂內略空，外面鑿成半圓
七方形，其中五方無紋，在兩邊下刹一方，有三組浮雕雲紋和雲雀。前端浮雕
正面朱雀，後端浮雕玄武。棺牆長 2.77、高 0.65～0.75、寬 0.78～1.18 米。整
塊紅砂岩鑿成，中空，牆外四邊均有浮雕。前後兩端是仿木建築的脊簷和門
柱，中脊兩角有一鴟吻相對，並刻走水屋檐。門各有七排乳釘，中央一婦人做
啓門狀，可惜頭部已殘。左牆浮雕青龍，右牆爲虎，龍虎身下皆有云紋。棺座
呈梯形，紅砂石鑿成，長 2.98、寬 0.82～1.18、厚 0.24 米。四周有浮雕花紋，
只有前端刻有三個壺門，其中分別刻有舞樂伎，從右至左分別爲擊拍板伎、舞
伎、吹篪伎。棺座四角浮雕力士各一，戴風貌、赤足裸身，跪姿作負棺狀（圖
4-41）。此外還出土了陶俑、買地券、銅鏡和陶器等。陶俑全塗以白粉，無釉，
座均以朱紅塗之，身體各部同時由一模作出。這些陶俑包括文俑 7 件，帶披風
帽俑 2 件，武俑 2 件，穿短褐俑 1 件，伏地俑 1 件，豬頭人身俑 1 件，雙頭
人首蛇身俑 1 件，陶狗 1 件。買地券爲紅砂石刻成，座上有蓮瓣花紋，高 14、
長 58、厚 17 釐米。券高 64、寬 43、厚 5 釐米，邊沿有陰刻花紋。

　　華陽縣後蜀李韡墓（廣政二十一年，958）　磚室墓，損毀嚴重，僅有很
少一部分磚基牆足，長約 9 米，似有前、中、後三室。前室部分發現墓誌銘，
中室部分發現有四耳陶罐；其它別無所有。根據墓誌，墓主爲後蜀李韡。

圖 4-41　宋琳墓石棺復原圖

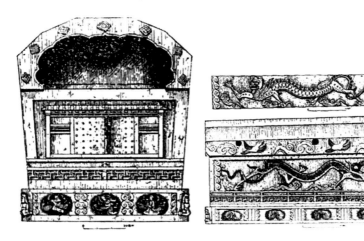

（左：正面；右上：右側；右下：左側）

　　A4 型　小型三室墓，此種類型的墓葬只有成都市雙流縣華陽鎮五代墓
（M29）。〔註51〕該墓方向 145°，墓葬破壞嚴重，不知有無墓道。墓室總長
2.78 米，分前、中、後室，前室長 0.36、寬 0.6 米；中室長 0.9、寬 0.8 米，
後室長 1.52、寬 0.6 米。整個墓室殘高 0.26 米。

　　B 型　券拱雙室墓，此類墓葬包括前蜀周皇后陵、王宗侃夫婦墓和後蜀
徐鐸夫婦墓。根據墓葬的規模、材質、耳室的數量及裝飾可將它們分為三個
亞型。

　　B1 型　磚石雙室墓，後室設須彌座棺床和石像。此類墓葬僅前蜀周皇后
陵一例。

　　前蜀周皇后陵　該墓的券拱部分與前室毀壞嚴重。墓室全長 16.8 米，後
室長 8.5 米，墓壁厚 3.2 米，墓室中部置須彌座棺床。棺床長 6.9、寬 2.9、高
7.3 米，棺床四角各置一半身透雕力士，作扶棺狀。棺床四周均飾以花卉等圖
案。墓室後部正中置一女式服飾坐像，頭部已殘。隨葬品有漢白玉哀冊殘片
二片，其中一片上刻有「尊」字。此外還有銅匕、鐵匕各一件，鐵製棺環三
件、木門護鐵包釘數件。

　　B2 型　大型的長方形雙室券頂磚墓，墓壙平面呈橫「亞」字形，豎穴式

〔註51〕　成都市文物考古研究所、雙流縣文物管理所：《成都市雙流縣華陽鎮綠水康城
　　　　　小區發現一批磚室墓》，成都市文物考古研究所編著：《成都考古發現》
　　　　　（2003），頁 347～373。

墓坑，為同墓異藏的夫婦合葬墓。此種墓葬形式極為特殊，僅前蜀王宗侃夫婦墓一例。

　　前蜀王宗侃夫婦墓（前蜀乾德五年，923）　墓葬全長 20.3、寬 10.38、殘高 3.98 米，墓底距地表 5.78 米。方向 5°。東、西兩墓室均由封門牆、墓室、棺床、耳室、肋拱等組成。兩室之間建有長 3.78、寬 3.8、高 3.2 米的券拱式過道，過道中部又砌有一列東西向磚牆，長 3.3、寬 1.1 米，高及券拱頂。兩室當是同時修築（圖 4-42）。西墓室長 9.05，寬 4.4、殘高 3.9 米。中部有磚砌長方形棺床，棺床長 5.9、寬 2.97、高 0.89 米。上殘留至少四條木痕，當為木槨、木棺的遺痕。棺床上出上銅鋪首銜環及鐵環，應為棺（擡棺之用）和木槨的附件。西耳室為單室券拱式頂，寬 3.95、高 3.2、深 3.16 米。東墓室破壞嚴重，從殘存部分看，東、西兩墓室的形制、結構、大小基本相同。另外，在墓室底發現較多的粉狀和塊狀石灰，在一些石灰上有朱、黑兩色的殘缺圖像，以白地黑彩為主，可見卷草、變形雲紋等圖案，可能當時墓壁內有以石灰為底的壁畫。墓內殘存遺物有瓷器、銅器、錫器、鐵器和石器等，共計 63 件。

　　B3 型　長方形雙室磚墓，由通道、前室、後室三部分組成，前室設須彌座棺床。壁面裝飾有仿木磚雕與彩繪。此種類型的墓有五代徐鐸夫婦墓和後蜀宋王趙廷隱墓。

圖 4-42　成都市龍泉驛五代前蜀王宗侃夫婦墓平、剖面圖

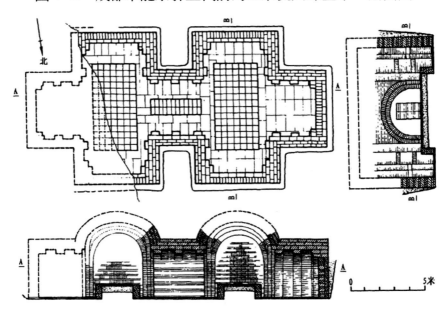

後蜀彭州刺史徐鐸墓（M1）（後蜀廣政十五年，952）　全長 10.8 米、寬
2.2～2.8 米、高 2～4 米。墓向偏東 23°。通道平面呈喇叭形（圖 4-43）。墓門
爲仿木磚雕，設有磚砌的門框、簷、額，門額上方用方磚砌眉簷，構成斗栱
組合形式。斗栱以三組一斗三升爲主體，其補間鋪作間以「人」字栱相連，
其上施彩繪。前室夯拱，長約 6、寬 3.48、內高 3.9 米。內頂上原刷有一層石
灰，石泥上繪有壁畫，但已毀。東、西兩壁各有兩個對稱耳室。前室設磚砌
須彌座棺床，棺床長 5.18、寬 2.24、高 0.56 米。前室棺床正前方爲墓誌，「大
蜀故高平徐墓誌銘」，四殺上陰刻卷葉紋和蓮花。該墓還出土買地夯，邊框陰
刻雙線，四角裝飾蝴蝶花紋，雙線內爲三角紋飾。後室呈「亞」字型，長 2.5、
寬 2.1、內高 2.1 米。此外，出土的隨葬品還有小銅鈴、銅簪飾件等。

圖 4-43　徐鐸墓平面圖

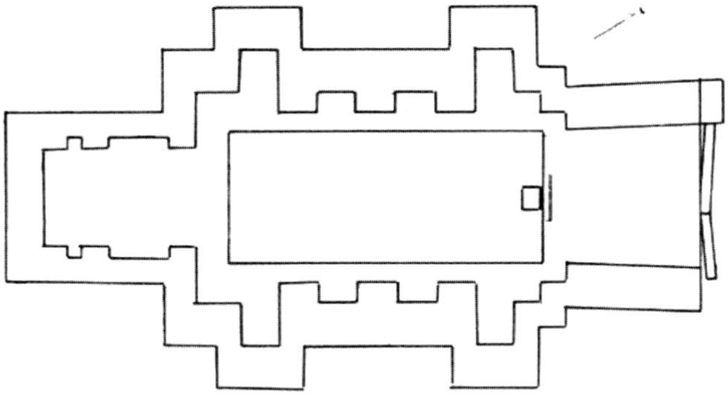

後蜀彭州刺史徐鐸夫人墓（M2）〔註 52〕　位於 M1 西側，兩墓相隔僅
1.3 米，該墓全長 11.28、寬 2.1～2.75、高 1.35～2.45 米。墓向偏東 23°（圖
4-44）。前室長約 6.29 米，內寬 2.69 米，內頂高 2.3 米。該室設有棺床，殘長
3、寬 1.48、高 0.28 米。其形制應與 M1 相同，爲須彌座式。室內頂用白灰膏
泥施於磚面，白粉上繪彩色圖案，殘存南北長約 4.45、東西寬 3 米。壁面保
存較爲完整，以東西兩壁起拱線至頂部集中。主要圖案包括寶相花及藤枝蔓
葉、雲朵和天鵝。寶相花以黑色、棕褐色、黃色、綠色四種色相配，採用中
心同心圓和外半圓花瓣組成花形，花冠 25～33 釐米，用黑線條勾勒，中心圓

──────────

〔註 52〕 報告中根據兩座墓的規模、形制，判定 M1、M2 爲夫妻分室合葬墓，M2 應
　　　　爲徐鐸夫人清河縣君張氏墓。該墓無明確紀年，但根據上述推測，應與徐鐸
　　　　墓的時間接近。

圖 4-44　徐鐸夫人墓平面圖

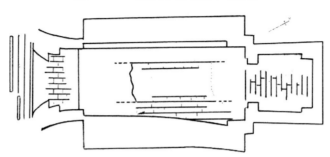

徑 10～13 釐米，其心著綠點，黃色施在綠點的周圍。花瓣爲棕褐色。寶相花
在壁畫上作爲主體，同時又繪 5～6 片花瓣作陪襯，花與花之間相距 23～30
釐米。頂部主體圖案以黑色和棕褐色爲基調，雲朵、天鵝和藤花用黑線條畫
成。雲紋一般長 40～75 釐米，寬 25～45 釐米，分爲卷雲體和托雲尾兩部分，
分佈在主體壁畫圖案的四角和邊際，有的採用兩邊對稱的形式。天鵝爲展翅
飛翔狀，大小爲 25×35 至 45×65 釐米之間。中部主體圖案主要以藤枝蔓葉
組成，藤枝花朵比寶相花略小，花冠直徑 25～28 釐米，圓芯一般 10 釐米。
花瓣分爲 5、6、7 瓣三種，以褐黃色點色（圖 4-45）。後室長約 2.15 米，寬
2.1 米，頂斜向南，內頂高 1.18 米，後高 1.5 米。

圖 4-45　徐鐸夫人墓內頂壁畫圖案

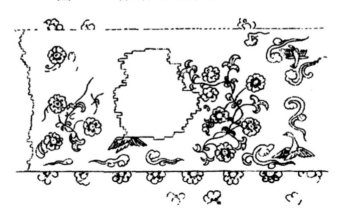

　　後蜀宋王趙廷隱（後蜀廣政十三年，950）　　該墓坐西向東，爲豎穴穹窿
頂磚室墓，由墓道、墓門、甬道、前後室及南北耳室組成，總體呈中字形。
墓葬總面積近 400 平方米，墓室外側夯築邊長近 40 米的方形夯臺，發掘時墓

頂殘存封土高度約 10 米。墓道平面呈東寬西窄的梯形，底部近封門處呈階梯狀，用磚鋪地；墓門外側用磚及石板封門；甬道爲券頂，平面呈長方形，用長方形紅砂石板鋪地；前室頂部已垮塌，據殘存結構初步確定爲十字穹頂，亦用長方形紅砂石板鋪地，其中部置須彌座狀棺床，棺床南北向放置，上部由紅砂石板鋪成，下部由磚砌成；後室與南北耳室結構基本一致，爲券頂，平面呈長方形，用長方形磚鋪地，且底部都高於前室約 0.5 米。

　　墓門、墓壁及墓頂皆施厚約 1 釐米的黃褐色黏土層，其上施厚 1～3 釐米的石灰層，用黑、紅、綠等色在其上繪製壁畫。墓門部分可辨題材有花草紋、建築構件、童子、回紋等；墓壁上可辨題材爲人物、花草、鳳鳥、水禽等；墓頂可辨題材較少，多爲花草、建築構件，部分線條上作描金處理。

　　該墓出土文物主要包括陶瓷器和陶俑，另含少量金屬器。其中陶瓷器 40 餘件，器型包括四繫大口罐、提梁壺、餅足碗、盞、碟，另外還發現少量匣鉢和支釘，皆出自琉璃場窯。彩陶俑近 50 件，包括文官俑、武士俑、伎樂俑、神怪俑等，俑高 0.5～1.4 米，俑表施彩，且部分描金。其中 20 餘件伎樂俑高約 0.6 米，皆立姿，按裝束及姿態分爲樂俑、歌俑及舞俑三種。其所著服裝鮮豔富麗，衫、裙清晰可辨，且多描金。樂俑所執樂器有琵琶、篳篥、羌鼓、齊鼓、笙、排簫等；歌俑神態尊貴，頭飾金簪，位於眾樂俑中部；舞俑中 2 件爲柔舞俑，著女裝，姿態柔和優美，1 件爲健舞俑，著男裝，姿態幹健有力。陶質庭院長 1.2 米、寬 1 米、高 0.3 米，院門、天井、廂房、馬圈、主廳皆清晰可辨。高約 10 釐米的墓主人坐像置於主廳中部。主廳周圍及院門內側置近 10 件高約 12 釐米的男女侍俑。庭院迴廊及門框部分皆施彩描金，十分精美，疑爲仿墓主人生前所居庭院製成。

　　該墓還出土墓誌及買地券各 1 件，墓誌已破但基本完整，其上陰刻近 3000 字，記述了趙廷隱家族譜系、一生經歷、重大戰役及子嗣情況等資訊；買地券詳細記載了墓主人入葬時間、地點，且其上文字所述具有濃厚的道教色彩。

　　C 型　大型穹隆頂單室墓，青石砌成，墓室平面爲圓形，左、右各一耳室。須彌座棺床，其上裝飾有浮雕。此型只有孟知祥墓一例。〔註53〕

　　孟知祥墓（後蜀明德元年，934）　又稱和陵。該墓分爲羨道及墓室兩部分。全長約 25 米，羨道二十二級階梯，通達墓室甬道。甬道爲券拱，下有闡

〔註53〕孟知祥墓的材料源於該墓的發掘報告及筆者的實地考察。

門，雙扇石門及覆馬槽式排水溝各一道。墓室呈並列三個圓錐形穹隆頂結構
（圖4-46）。中間主室高8.16米，直徑6.7米。兩側室（耳室）高6米，直徑
3.4米。三室有門互通，距地表深約5米。墓門為牌樓式建築，屋脊兩端鴟
吻，上刻龍鳳，龍首吻脊，彩枋四柱，柱上刻青龍、白虎，左右各有一個高
11米，身披甲冑、手執劍斧的圓雕石像（衛士），兩壁彩繪男女宮人（圖
4-47）。棺臺橫陳於主室，長5.1米，寬2.75米，高2.1米。須彌座的方澀刻
卷草紋，罨澀雕仰蓮一周，床身南、北兩面各雕壺門四，內刻花卉圖案，壺
門間的柱子上皆刻有裸身捲髮力士，其中東、西兩側的力士位於棺床轉角
處，均為高浮雕。東、西兩面各雕壺門二，內刻花卉圖案，壺門間的柱子上
皆刻有花卉。棺的底座亦為須彌座式，四方各鑿長方形孔數個，作插放罩棺
棉帳柱用，四角各雕一力士，作跪地負棺狀，亦為高浮雕。四面共雕有壺門

圖4-46　孟知祥墓平剖、面圖

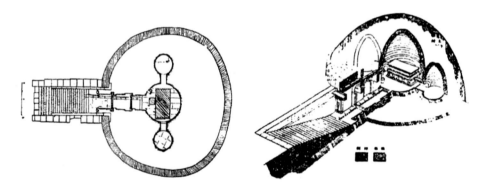

圖4-47　孟知祥墓男、女宮人圖

二十，其中南北各七個，東西各三個，內刻花卉圖案，壺門間的柱子上也刻有花卉。棺的四周均有浮雕，南北兩面爲雙龍戲珠，龍頭均面向西側，東西兩面爲兩個獸戲珠〔註54〕（圖4-48）。穹隆頂正中以蟠龍封頂，下方四角各有小鐵環一個，均正向棺臺四角，應爲牽引罩棺錦賬四角用的。棺臺前方左側放置孟知祥玉冊，尚殘存「明德元年……」、「大行皇帝……」、「嗣皇帝昶……」、「和陵，禮也……」等數片。兩個耳室用於安放隨葬品。棺臺前方左側放置福慶長公主墓誌銘一盒及石油缸一口。長公主墓誌高1.08米，寬1.1米，墓誌四周繞以串枝葵紋。

圖4-48　孟知祥墓棺床南面線描圖

D型　青磚砌成的單室墓，墓內無裝飾。此型墓包括廣漢煙堆子遺址晚唐、五代墓M1、M2、成都市五代墓（M2）、成都市青白江區景峰村五代墓、華陽出土五代墓、成都市龍泉驛區五代墓（M3、M4、M8、M10、M11）、成都市高新區紫荊路唐末五代墓（M2）等。根據墓室的形狀又可將它們分爲兩個亞型。

D1型　長方形單室墓，此類墓葬有成都市五代墓（M2）、廣漢煙堆子遺址晚唐、五代墓M2、成都近郊五代墓、華陽五代墓、成都梁家巷五代墓等。

成都市五代墓（M2）　方向24°。該墓爲長方形券頂磚墓。由封門牆、墓室、壁龕和壁柱組成。全長6.13、寬4.82、殘高1.27米。封門牆、券頂和部分底磚被破壞。室長4.18、寬2.16、殘高1.32米。墓室後部設有長方形棺

〔註54〕　報告認爲東西兩面也是二龍戲珠。但根據實地調查，筆者發現，兩獸身上的花紋並非龍鱗狀，而與張虔釗墓棺床上的獅豸相同，且它們的體形短小，因此應稱之爲獅豸。

臺，棺臺距東、西二壁各 0.2 米，棺臺長 3.30、寬 1.74、高 0.34 米。在棺臺前砌出四個形制、大小基本相同的壼門，壼門呈仰蓮形，高 0.22、深 0.06、最寬處 0.26 米。該墓在東、西、北三壁各設有一個夯頂式壁龕。東、西壁龕位於墓室中部，基本對稱，龕底和棺臺在同一平面，東壁龕深 0.91、寬 0.78、高 0.94 米。西壁龕深 1.13、寬、0.76、高 0.84 米。北壁龕高出棺臺 0.2 米。深 1.37、寬 1.45、殘高 0.43 米。北壁龕內也設有壁柱，其砌法和作用可能和墓室壁柱相同。出土石刻 1 方，紅砂石質，長方形，高 31.7、寬 11.2、厚 7.5 釐米。石刻正面、側面經打磨、較光潔，背面粗糙。正面陰刻漢字。眞書。右側立書「佛頂尊勝陀羅尼」七字，正文從右至左立書 23 行，共 402 字。其中陀羅尼經咒 19 行零 8 字，滿行 16 字。共 311 字。陀羅尼後刻三則眞言，眞言 5 行零 10 字，共 91 字。三則眞言依次是「解冤結眞言」、「往生淨土眞言」和「安土地眞言」。相比較而言，經文字體較大，且規整；而眞言字體較小，不如經文規整。

廣漢煙堆子遺址 M2　方向爲 165°，由墓道、甬道、主室、東耳室、西耳室幾部分組成。墓全長 8.85 米。其中，甬道南北寬 1.48 米，東西寬 3.1 米。墓室部分長 5.45 米，寬 3.2 米，底部距墓口 1.8～2.0 米。由於遭到嚴重破壞，磚室上部破壞殆盡，僅存底部的部分鋪磚。磚室長約 3.9 米，封門牆位於甬道靠近墓道的南端。由於被破壞嚴重，墓內骨架、葬具、隨葬品無存。填土中夾雜大量磚塊、陶片、瓷片、布紋瓦片、陶片、銅錢、石器等。其中可辨識的器形有：瓷碗、盞、碟、執壺、陶甕、石銙等。M2 的年代應與 M3 接近，屬晚唐至五代時期。

成都近郊五代墓　磚室墓，共四座墓，其中三座年代分別爲明德二年（935）、廣政十四年（951）、廣政十七年（954），另一座墓葬無明確紀年，但其墓葬結構與隨葬品與前三座大致相同，因此，其年代應與前三座接近。這些墓葬的墓室長 4～5 米，寬 1.4～2 米，高不超過 1.5 米。墓室內可分爲享堂、祭臺、棺床和龕四個部分，前低後高，依次而上呈階梯狀。享堂長約 0.5 米，寬與室同。祭臺高於享堂，有一塊磚之長，寬與室同。棺床高於祭臺兩塊平磚，寬與祭臺同（圖 4-49）。龕有後龕、左右龕和壁龕三種。墓頂爲內外兩重夯。隨葬品有碗、盤、四耳罐、買地券等。

後蜀李才墓（後蜀廣政二十五年，962）　爲夯拱單室墓，長 2.5、寬 1 米。墓中出土陶碗、陶碟、四系青瓷罐、雙耳青瓷罐、豆青瓷碗、開元通寶

圖 4-49　成都近郊五代墓平面圖

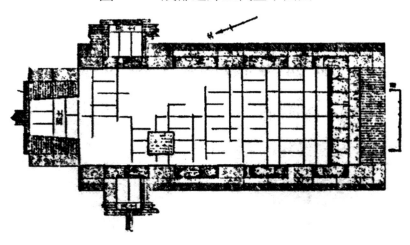

各 1 件、買地券 1 通。買地券白砂石製成，呈碑形，保存完整，現藏於蒲江縣文物保護管理所。通高 57 釐米。碑座寬 42、高 7、厚 7 釐米，浮雕覆蓮花五瓣。半圓形碑帽，浮雕卷雲紋半圈，卷雲紋厚 7 釐米。碑身高 30、寬 35、厚 3.2 釐米。背面豎分為 12 行，每行 5～16 字不等，全文共 165 字，碑文書刻格式由左向右，與豎書格式不符。〔註 55〕

　　華陽五代墓　該墓長約 2.5 米，寬約 1.5 米，由青磚砌成。南北朝向的古墓的一端有兩個龕，可能作為存放隨葬物之用。隨葬品有四耳瓦罐、瓷碗、開元通寶、青銅髮簪等。〔註 56〕

　　成都梁家巷五代墓　其中 M3、M5、M8 為五代至北宋時期。均為磚室墓。其中 M8 僅存墓底，M5 僅見封門牆和後壁，只有 M3 保存相對完整。M3 距地表深 1.1 米、殘高 0.54 米，方向 160°。其結構由封門牆、甬道和墓室組成。甬道位於墓室的前端，寬 0.7、進深 0.32 米，墓室長 2.26、寬 0.44～0.68 米。

　　E2 型　墓室平面呈梯形的單室磚墓，墓壁無裝飾。此類墓葬有廣漢煙堆子遺址 M1、成都市青白江區景峰村五代墓、成都市雙流縣華陽鎮五代墓（M20、M33、M36）、成都市龍泉驛區五代墓（M3、M4、M8、M10、M11）、成都市高新區紫荊路唐末五代墓（M2）等。

〔註 55〕　龍騰、李平：《蒲江發現後蜀李才和北宋魏訓買地券》，《四川文物》1990 年第 2 期，頁 43～45。

〔註 56〕　王嘉：《華陽出土五代時期古墓》，《成都日報》2005 年 9 月 15 日第 B02 版。

　　廣漢煙堆子遺址 M1　梯形磚室墓，方向 174°。無墓道、甬道，北窄南寬，墓上部已遭破壞，磚室僅餘東側壁的一段及底部鋪磚。墓口全長 3.10 米，北端寬約 1 米，南端寬約 1.56 米。磚室底部全長 2.82 米，磚室北端寬約 0.92 米，南端寬約 1.14 米。隨葬器物有銅錢和瓷碗兩類。M1 的年代可能早至晚唐。〔註57〕

　　成都市青白江區景峰村五代墓　此處共發掘五代墓 9 座，分別爲 M1、M3、M4、M5、M6、M12、M15、M19、M20（圖4-50）。M1 方向 216°，由封門牆、墓室、壁龕等部分組成，長 2.6 米，寬 0.64～0.88 米，殘高 0.08～0.9 米。封門牆上砌有一壁龕。該墓隨葬品僅有銅器 1 件。M12、M19 與 M1 的形制相同。M3 方向 220°，由封門牆、墓室、壁龕等部分組成。墓室全長 2.46 米，寬 0.56～0.72 米，高 0.58 米。疊澀頂。左右兩壁各有 2 個小龕，墓室後壁設後龕。棺臺長 2.16 米，寬 0.46～0.62 米，高 0.1 米。該墓隨葬品有盞 1 件，四耳罐 1 件，買地券 1 方。M5 方向 205°，由封門牆、墓室、腰坑等幾部分組成。墓室上部已破壞，全長 2.1 米，寬 0.48～0.62 米，殘高 0.4～0.58 米。墓室中部墓底下設有一長方形腰坑，坑內放置雙耳罐 1 件，雙耳杯 5 件。該墓共出土器物 11 件，買地券 1 方，銅簪 1 件。M4 方向 208°，墓室上部破壞，由

圖 4-50　成都市青白江區景峰村五代墓平面圖

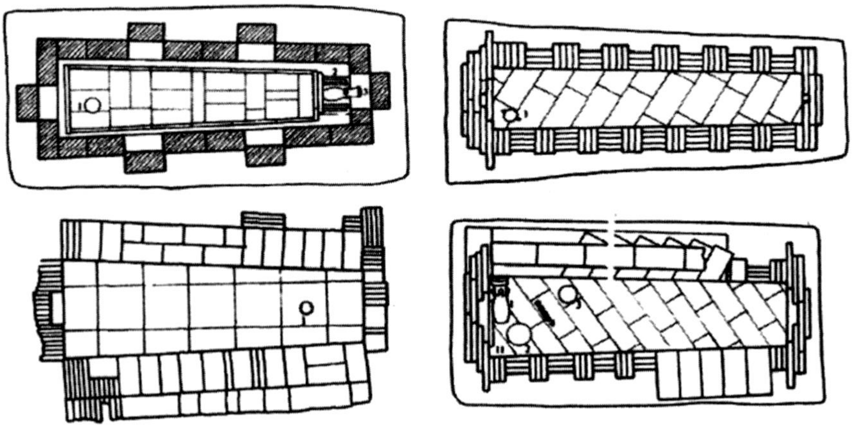

（左下：M1；左上：M3；右下：M5；右上：M4）

〔註57〕四川省文物考古研究院、德陽市文物考古研究所、廣漢市文管所：《2004 年廣漢煙堆子遺址晚唐、五代墓地發掘簡報》，《四川文物》2005 年第 3 期，頁 3 ～10。

封門牆、墓室組成，全長 2 米，寬 0.36～0.44 米，殘高 0.42 米。該墓僅出土雙耳罐 1 件。M6、M15、M20 與 M4 形制相同。

　　成都市雙流縣華陽鎮五代墓（M33）　方向 185°，墓室南部有八字形墓道，已毀。墓室長 2.5 米，寬 0.6～0.8 米，墓室為券頂，殘高 0.76 米。東西兩壁有肋拱柱（圖 4-51）。隨葬品有器物等。

圖 4-51　成都市雙流縣華陽鎮 M33 平面圖

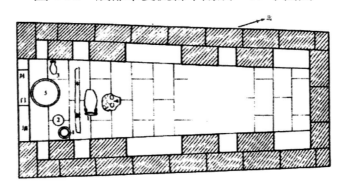

　　成都市雙流縣華陽鎮五代墓（M20）　方向 165°。墓葬形制與 M33 相同。墓室長 1.9 米，寬 0.36～0.6 米，殘高 0.26 米。隨葬品有器物、錢幣等。

　　成都市雙流縣華陽鎮五代墓（M36）　方向 175°。墓葬形制與 M33 相同。墓室長 2.48 米，寬 0.5～0.8 米，殘高 0.42 米。隨葬品有器物 3 件。

　　成都市龍泉驛區五代墓（M3、M4、M8、M10、M11）　五座墓的形制完全一致，均為平面呈梯形的單室墓。現以 M4 為例說明。M4 方向 180°，墓室全長 2.72 米，寬 1.02 米，殘高 0.7 米（圖 4-52）。封土、券拱均已不存。隨葬品僅有瓷器 2 件。

圖 4-52　成都市龍泉驛區 M4 平面圖

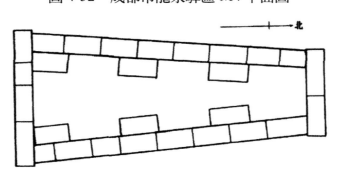

　　成都市高新區紫荊路唐末五代墓（M2）　　方向 170°。梯形單室夯拱磚墓，前寬後窄。墓葬上部及部分墓底磚被破壞。墓全長 3.32 米，寬 1～1.4 米，殘高 0.74 米，由封門牆、甬道、墓室三部分組成。甬道呈梯形，南北長 0.38 米，東西寬 0.94～0.98 米，殘高 0.2 米。墓室平面呈梯形，全長 2.6 米，可分為兩段：首段長 1 米，寬 0.89 米，殘高 0.73 米；後段長 1.6 米，寬 0.6～0.65 米，殘高 0.24 米（圖 4-53）。隨葬品包括四系罐 1 件及錢幣等。

圖 4-53　成都市高新區紫荊路唐末 M2 平面圖

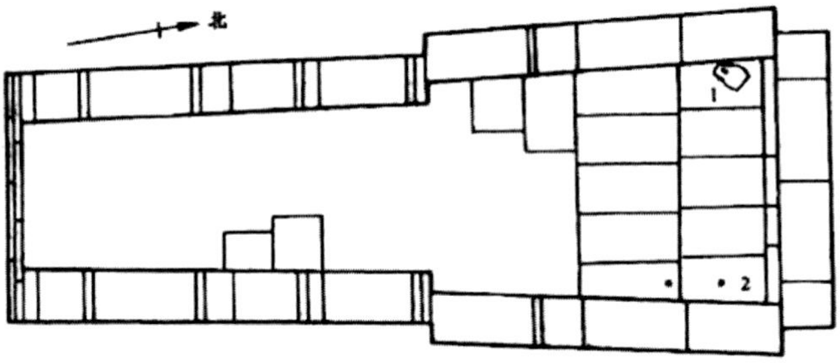

　　此外，後蜀徐高年墓的墓室卷拱上，彩繪有花鳥圖案和螺旋形紋飾，花紋以六朵紋和五瓣梅花為主，應屬建築裝飾紋樣。〔註58〕1973 年春，四川樂山縣斑竹灣出土了一具五代琉璃三彩（黃、綠、褐）陶棺（圖 4-54），長 81.5 米、前高 40.5 米、後高 24 釐米。棺座前寬 27 釐米、後寬 18 釐米。出土時，陶棺內裝有骨灰與開元通寶銅錢。這顯然是火葬後盛骨灰的葬具。該陶棺安置在飾有蓮瓣紋的棺座上，棺座的左、右兩棺牆各有三個壺門，後牆有一個壺門。左右兩側的壺門之上，各有一個獸頭之類的裝飾。報告推測為前蜀王建墓的擡棺力士和後蜀孟知祥棺臺下擡棺的鬼怪式人物之類形制的演變。而筆者認為，這類似於漢代以來流行的門上的鋪首銜環的變形，王建墓棺槨兩側就裝有多個銅環。在獸頭飾的上面，左為青龍，右為白虎。棺蓋上的紋飾，以銅錢紋變化的花瓣紋為地，並在棺蓋前部左、右飾日、月。日中有金烏，月中有玉兔。這種作法似乎將棺蓋擬作墓頂，裝飾部分天象圖案。棺的頭擋裝飾有仿木建築，它聳立於兩層臺基之上，飛簷翹角。臺基正面中間有三級踏道，踏道兩旁附垂帶。臺基上立四簷柱，將殿堂分為三個開間。樓門兩側各刻有一婦人。〔註59〕

〔註58〕史占揚：《珍貴的地下文化寶藏——成都五代墓壁畫》，《成都文物》1989 年第 4 期，頁 17～21。

〔註59〕沈仲常、李顯文：《四川樂山出土的五代陶棺》，《文物》1983 年第 2 期，頁

圖 4-54　四川陶棺

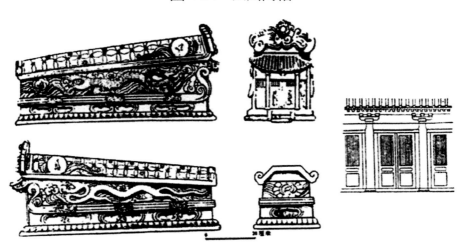

（左上：左側青龍圖及正面殿堂；左下：右側白虎圖及後牆壹門圖；右：直櫺雙扇格子門）

　　還有一些未發表正式發掘報告的墓葬，如成都 107 信箱後蜀墓、火車站後蜀墓以及 1956 年發掘的羊子山 178 號五代墓、1958 年發掘的羊子山地區後蜀墓、1959 年發掘的羊子山後蜀墓、成都市石人小區五代墓。其中一些墓葬保存有零星的壁畫，如 1958 年發掘的羊子山地區後蜀墓南北兩壁殘存人物壁畫兩幅，根據僅存的部分推測二人物應爲侍衛或門卒。1959 年發掘的羊子山後蜀墓除頂劵上繪有花紋外，後壁還繪有一《樂伎圖》（圖 4-55），這幅壁畫高 90 多釐米，畫面以淺紅、淡黃和黑爲主色。樂伎爲人首禽身，身著圓領窄袖衫，頸下飾雲肩。手持拍板於胸前。樂伎肩後有禽羽，形如雙翅。樂伎下部繪蓮花座。成都市石人小區五代墓還出土兩件畫像磚，一爲擊鼓舞蹈形象，一爲吹笛舞蹈形象。〔註60〕

　　綜合上述材料可知，前、後蜀的墓葬形制具有較爲明確的等級制度。其中 A1 型代表著前蜀的帝陵制度；B1 型的規格明顯低於 A1 型，代表著皇后陵的規格；C 型雖爲三室，但是由磚砌成，此形制應代表了前蜀大臣的墓葬規格。

53～55。

〔註60〕 其中成都 107 信箱後蜀墓、火車站後蜀墓見張肖馬：《前後蜀墓葬制度淺論》（注釋 10），《成都文物》1990 年第 2 期，頁 36～44；羊子山的五代、後蜀墓參見史占揚：《珍貴的地下文化寶藏——成都五代墓壁畫》，《成都文物》1989 年第 4 期，頁 17～21；成都石人小區五代墓參見李蜀蕾：《十國墓葬初步研究》，吉林大學碩士論文，2003 年，頁 8。

圖 4-55　羊子山後蜀壁畫摹本

　　C 型孟知祥墓代表了後蜀最高規格的帝陵制度。該形制可能源於北方地區隋唐圓形墓，因爲他入川前主要活動在河北、山西、河南等地，這些地區均是北朝以來圓形墓流行地區。〔註 61〕此外，與王建墓模彷彿舍利地宮的佈局不同，孟知祥墓的棺床由縱向擺放變爲橫陳於墓室，其做法似乎更傾向於借鑒涅槃窟的型制，如敦煌 148 窟（大曆四年，769）〔註 62〕，橫夯式窟型，主室東西進深 7.9 米，南北橫長 17 米。主室緊靠西壁建寬 4.85、高 1.4 米的通長大臺，大臺上又有 0.3 米的通長小臺，形狀如榻，釋迦牟尼涅槃像頭南腳北，面向東，右脅累足橫臥於榻上（圖 4-56），中唐 158 窟也是如此（圖 4-57）。可見，伴隨著後蜀政權的建立，一種新的象徵皇權的陵墓制度逐漸建立。

　　A2、A3、B2 型代表了後蜀不同品級臣屬的形制。其中，A3 型墓雖均爲三室，規模卻不同，張虔釗墓全長 27 米，孫漢韶墓全長 18.7 米，規模明顯大於其他大臣墓，而宋琳墓全長只有 7.64 米。B2 型彭州刺史徐鐸夫婦墓雖爲兩室，但全長分別爲 10.8 米、11.28 米，與宋琳墓規模接近，兩者應同屬於較低一級的墓葬規格。此外，這些墓葬形制的另一突出特點是墓室附有多耳室、多壁龕。這一特點見於重慶唐永徽五年（654）冉仁才夫婦墓，該墓由斜坡墓道、甬道、墓室以及 6 個耳室、12 個壁龕組成。其中甬道兩側各有一耳室，

〔註 61〕　張勳燎、黃偉：《論後蜀和陵的特徵及相關問題》，《成都文物》1993 年第 3 期。
〔註 62〕　對該窟修建時間的考證參見賀世哲：《敦煌莫高窟供養人題記校勘》，《中國史研究》1980 年第 3 期。

圖 4-56　敦煌盛唐 148 窟平面圖

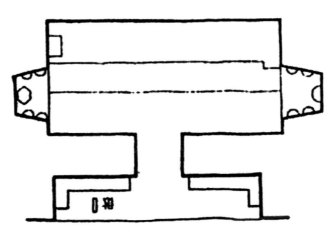

圖 4-57　中唐 158 窟平面圖

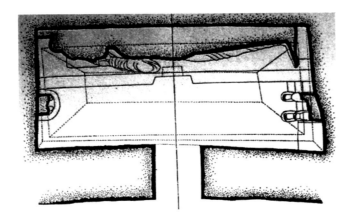

墓室東、西兩壁各有二耳室。〔註63〕此形式可追溯到漢代，較多保留漢代形式正是南方墓葬的顯著特徵〔註64〕。除此之外，此種形制還有可能存在另一來源，即這些耳室和壁龕是由唐代長墓道兩側的小龕轉化而來，其功能均為放置隨葬品。吳越的錢寬墓及其夫人水邱氏墓、南漢康陵等也出現了多個耳室和壁龕，應看作對唐代墓道小龕進行改造後的其他形式。

　　A4 型雖為三室，但規模極小，墓室總長只有 2.78 米，當為平民墓。可見，A4 型、D 型均代表了下層墓葬的基本類型。

〔註63〕　四川省博物館：《四川萬縣唐墓》，《考古學報》1980 年第 4 期，頁 503～514。
〔註64〕　李星明：《唐代墓室壁畫研究》，陝西人民美術出版社，2005 年，頁 124。

在葬具的使用上，前蜀王建墓的棺床上的伎樂圖不見於周皇后陵，十二個半身像也變為四個力士，可見其規格明顯低於王建墓，而晉暉只有磚砌棺床。

後蜀的墓葬中普遍出現須彌座棺床，如後蜀皇帝孟知祥墓〔註65〕、張虔釗墓〔註66〕、孫漢韶墓〔註67〕。只是此時扶持棺槨的不再是王建墓半身像形式的十二神將，也不同於周皇后的半身力士扶棺，而是改為力士負棺，且這些力士均安排在棺床須彌座束腰處壺門間的立柱上。此外，不同墓葬的力士數量和佈局不盡相同。從數量上看，孟知祥墓、孫漢韶墓均為十個力士，張虔釗墓為十二力士。就力士的分佈而言，孟知祥墓的力士分佈在棺床的南北兩面，孫漢韶墓和張虔釗墓的力士則被安排在棺床四面。可見，至後蜀，須彌座棺床不再為皇帝所獨享，而是開始出現在高等級的寵臣墓中。

儘管如此，帝王與臣屬的棺床及棺槨的規模仍然存在明顯區別。孟知祥墓中放置有石質須彌座棺床及帶有須彌座的石槨，這種組合應為皇室專享的形式。張虔釗、孫漢韶墓的棺床為石質，壁面裝飾壺門、雕刻的做法與孟知祥墓更為接近，而徐鐸夫婦墓棺床為磚砌，且無雕刻和方龕。宋琳墓中無棺床，僅有一具紅砂石岩鑿成的石棺，其等級應低於上述幾座墓葬。

此外，張虔釗、孫漢韶墓棺床壺門中雕刻有多種動物，這種做法可見於唐李憲墓石槨，其基座的南、東、北三面均刻壺門含獸圖，共計16幅，其中南北各四幅，東面八幅（圖4-58）。〔註68〕

這些動物應具有特殊的的象徵意義。根據文獻記載，麒麟，「仁獸也」，其外貌為「麕身而牛尾，狼項而一角，黃色而馬足。」〔註69〕這與張虔釗棺床西面北起第二個壺門中的動物形象較為吻合。麒麟有十德，「音中鍾呂，行中規矩。遊必擇地，詳而後處。不履生蟲，不踐生草。不群居，不旅行。不入陷阱，不罹羅網。」〔註70〕它的出現往往象徵著君王有德，天下太平，如

〔註65〕　成都市文物管理處：《後蜀孟知祥墓與福慶長公主墓誌銘》，《文物》1982年第3期，頁15～20。

〔註66〕　成都市文物管理處：《成都市東郊後蜀張虔釗墓》，《文物》1982年第3期，頁21～27。

〔註67〕　成都市博物館考古隊：《五代後蜀孫漢韶墓》，《文物》1991年第5期，頁11～26。

〔註68〕　《唐李憲墓發掘報告》，頁218～221。

〔註69〕　《宋書·志第十八·符瑞中》卷二十八，中華書局，1974年，頁791。

〔註70〕　《陸氏詩疏廣要·釋獸》卷下之下，《四庫·經部·詩類》（23），頁468。

圖 4-58　唐李憲墓石槨底座壺門線刻圖

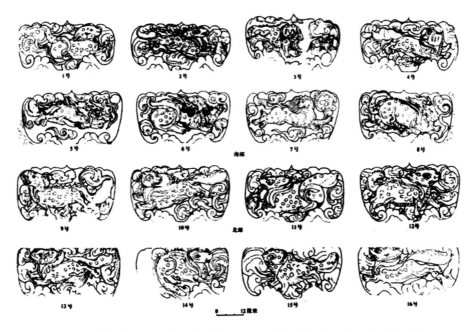

（1～4 南立面；5～8 東立面南部；9～12 東立面北部；13～16 北立面）

「王者德及幽隱，不肖斥退，賢者在位則至。……明王動則有儀，靜則有容，則見。……麒一角者，明海內共一主也。王者不刳胎、不剖卵則出於郊」〔註71〕。「信而應禮，以足至者也。王者至仁則出，蓋太平之符也」。〔註72〕

　　獅子可以威服百獸，「踐藉則林麓摧殘，吼呼則江河振蕩。服猜心與猛氣，遂感德以依仁」。〔註73〕它的出現象徵者帝王成就霸業，四海臣服。

　　白虎，「王者不暴虐，則白虎仁，不害物」。〔註74〕「君王有德則見，應德而至者也」。〔註75〕

　　獬豸為神羊，一角，能別曲直。《異物志》曰：「東北荒中有獸名獬豸，一角，性忠直，見人鬥則觸不直者，聞人論則咋不正者。」〔註76〕可知獬豸

〔註71〕　《唐開元占經・獸占・獸休徵・麒麟》卷一百十六，《四庫・子部・術數類》（267），頁 557。
〔註72〕　《陸氏詩疏廣要・釋獸》卷下之下，頁 468。
〔註73〕　《太平御覽・獸部一・獅子》卷八百八十九，中華書局，1963 年，頁 3950。
〔註74〕　《宋書・志第十八・符瑞中》卷二十八，中華書局，1974 年，頁 807。
〔註75〕　《陸氏詩疏廣要・釋獸》卷下之下，頁 468。
〔註76〕　《七國考・獬豸冠》卷八，《四庫・史部・政書類》（205），頁 671。

的性格是剛正不阿，並善於明辨是非。它一般出現於太平之世，正所謂「昂藏獬豸獸，出自太平年。亂代乃潛伏，縱人爲禍愆」〔註77〕。

貘出自蜀地，其面貌爲「象鼻犀目，牛尾虎足」。張虔釗墓棺床西側北起第三個動物的形象正與此同。它「能舐食銅鐵及竹，骨節強直」，「其糞可作兵器，其利如鋼」〔註78〕。

馬在古代亦是一種祥瑞，它的出現意寓著帝王的賢明、聖德。如「玉馬，王者精明，尊賢者則出」〔註79〕，「騰黃者，神馬也。其色黃。王者德御四方則出。白馬朱鬣，王者任賢良則見。澤馬者，王者勞來百姓則至」。〔註80〕

羊的出現則意味著帝王清廉，社會安定，無戰爭之災。如「玉羊，師曠時來至」〔註81〕。

此外，「人君自養有節」則白象至〔註82〕，「王者明惠及下」則白鹿至〔註83〕。

可見，這些瑞獸均有著特殊的才能，它們的出現或象徵社會的安定，或代表著帝王的賢明，或宣揚著國家武力的強盛。

張虔釗和孫漢韶同爲後蜀重臣，他們經歷較爲相似，原爲後唐大將，後「皆以其地附於蜀」，因此備受蜀主孟知祥的器重。〔註84〕蜀後主孟昶繼位後，封張虔釗檢校太師兼中書令。晉開運（944～947）末年，契丹滅後晉，

〔註77〕 《詠史十一首》，《全唐詩》卷一百五十三，中華書局，1960年，頁1586。
〔註78〕 《爾雅翼·釋獸一·貘》卷十八，《四庫·經部·小學類》（76），頁354。
〔註79〕 《宋書·志第十九·符瑞下》卷二十九，頁848。
〔註80〕 《宋書·志第十八·符瑞中》卷二十八，頁802。
〔註81〕 《宋書·志第十九·符瑞下》卷二十九，頁850。
〔註82〕 《宋書·志第十八·符瑞中》卷二十八，頁802。
〔註83〕 《宋書·志第十八·符瑞中》卷二十八，頁803。
〔註84〕 張虔釗，《舊五代史》、《十國春秋》有傳，曾於後唐任滄州節度使、山南西道節度使兼西面馬步軍都部署等職，後與孫漢韶一起投奔蜀孟知祥，孟知祥待之尤厚，授本鎮節度使。知祥能夠坐獲山南之地，實由虔釗之故也。歷任後蜀本軍節度使兼中書令、北面行營招討。卒於廣政十一年（948）。《舊五代史·唐書五十·列傳二十六·張虔釗》卷七十四，頁973～974；《十國春秋·後蜀六·列傳·張虔釗》卷五十三，頁228。孫漢韶，《十國春秋》有傳，曾任後唐應州彰國軍留後、利州節度使、西面行營招討使、洋州節度使等職，後與張虔釗皆以其地附於蜀，歷任後蜀永平軍節度使、山南西道節度使、武信軍節度使等職，並賜爵樂安郡王。卒於廣政十八年（955）。《舊五代史》卷三十九、四十三、四十四、七十四，頁536、587、593、605、973，《十國春秋·後蜀六·列傳·孫漢韶》卷五十三，頁227～228。

進入洛陽。孟昶欲竊關中之地，遂命張虔釗等率數萬將士征鳳翔。後因後漢高祖率先平定關中，致使虔釗無功而退，行至興州便感憤而卒。〔註85〕同時，後主還命「孫漢韶攻下鳳州，於是悉有王衍故地」〔註86〕。可見，兩人爲後蜀政權屢立戰功。

反觀二人的棺床，或可看做後主對忠勇之士的賞賜，上述兩墓的規模明顯大於其他大臣的事實也進一步說明二人在後蜀所享有的特殊地位。而棺床上雕刻的瑞獸因此就具有兩方面含義：其一，象徵著二人具有這些祥瑞的美德，如忠誠、威武、明辨是非等；其二，由於這些祥瑞均是在君主聖明的太平盛世中出現，因此這些圖像也標誌著蜀主的英明和蜀國的繁盛。

宋琳墓的石棺前後兩端裝飾有仿木建築的脊簷和門柱，中脊兩角有一鴟吻相對，並刻走水屋檐。門各有七排乳釘，中央一婦人做啓門狀，可惜頭部已殘，此樣式與馮暉墓門樓上的裝飾較爲接近。四川陶棺的頭擋也裝飾有仿木建築。這種做法與南唐墓中棺的前和部位裝飾小木屋類似，其目的似乎是要將棺變爲一座木構建築，以供墓主的靈魂棲居。此外，宋琳墓的棺外四壁分別雕刻四神形象，類似的做法還見於四川陶棺，所不同的是，該陶棺僅左右兩壁刻有青龍、白虎，未有朱雀、玄武，且有意思的是，陶棺的頂部還刻有天象圖。吳越康陵、錢元瓘墓等後室四壁浮雕有四神，室頂裝飾有石刻天象圖，似可看作兩者的結合。棺槨裝飾有仿木建築及四神的做法似乎可以追溯到漢代，如四川出土的王暉石棺（東漢建安十年，212），棺前和的右門微蓄，門縫中刻一仙童倚門佇立；棺蓋頂端刻有帶翼獸，石棺右側刻有青龍，左側爲螭虎，後檔爲玄武。〔註87〕北魏依然延續了這一傳統，如洛陽元謐石棺前檔刻有門和門吏，左幫刻有青龍、白虎，右幫刻朱雀、玄武。〔註88〕固原雷祖廟北魏漆棺上則繪有日、月、銀河等。〔註89〕

（二）楊吳、南唐

南唐是在楊吳政權基礎上建立的，因此可將兩個政權放在一起來分析。其墓葬主要分佈在江蘇揚州地區，江西、安徽、湖北等地也有發現。主要

〔註85〕 《舊五代史・唐書五十・列傳二十六・張虔釗》卷七十四，頁973～974。《新五代史・後蜀世家第四》卷六十四，頁804。
〔註86〕 《新五代史・後蜀世家第四》卷六十四，頁804。
〔註87〕 鍾堅：《王暉石棺的歷史藝術價值》，《四川文物》1988年第4期，頁12～13。
〔註88〕 黃明蘭：《洛陽北魏世俗石刻線畫集》，人民美術出版社，1987年，頁30～39。
〔註89〕 寧夏固原博物館：《固原北魏墓漆棺畫》，寧夏人民出版社，1988年。

有：1950～1951 年發掘的南京南唐二陵〔註90〕、1956 年發掘的五代——吳
大和五年墓〔註91〕、合肥西郊南唐墓〔註92〕、泉州五代磚墓〔註93〕、1963 年
發掘的江蘇揚州五臺山五代墓〔註94〕、1975 年發掘的江蘇邗江蔡莊五代墓
〔註95〕、鎮江市何家門五代墓〔註96〕、1982 年發掘的江蘇連雲港市五代墓
〔註97〕、1985 年發掘的江蘇常州半月島五代墓〔註98〕、常州五代墓〔註99〕、
江蘇鹽城五代墓〔註100〕、1993 年發掘的安徽南唐磚室墓〔註101〕、1996 年
發掘的閱馬場五代吳國墓〔註102〕、1991 年發掘的九江縣五代南唐周一娘墓
〔註103〕、1998 年發掘的江西會昌五代墓〔註104〕、1999 年發掘的南京鐵心橋
楊吳宣懿皇后墓〔註105〕、南京堯化門五代墓〔註106〕、2000 年發掘的南京小

〔註90〕 南京博物院編著：《南唐二陵發掘報告》，文物出版社，1957 年。

〔註91〕 江蘇省文物管理委員會（屠思華）：《五代——吳大和五年墓清理記》，《文物
參考資料》1957 年第 3 期，頁 70～75。

〔註92〕 石谷風、馬人權：《合肥西郊南唐墓清理簡報》，《文物參考資料》1958 年第 3
期，頁 65～68。

〔註93〕 吳文良：《泉州發現的五代磚墓》，《考古通訊》1958 年第 1 期，頁 66～68。

〔註94〕 江蘇省文物管理委員會、南京博物館：《江蘇揚州五臺山唐、五代、宋墓發掘
簡報》，《考古》1964 年第 10 期，頁 533～536。

〔註95〕 揚州博物館：《江蘇邗江蔡莊五代墓清理簡報》，《文物》1980 年第 8 期，頁
41～51。

〔註96〕 鎮江市博物館（劉和惠、翁福驊）：《鎮江、句容出土的幾件五代、北宋瓷
器》，《文物》1977 年第 10 期，頁 90～92。

〔註97〕 南京博物院、連雲港市博物館：《江蘇連雲港市清理四座五代、北宋墓葬》，
《考古》1987 年第 1 期，頁 51～57。

〔註98〕 常州市博物館：《江蘇常州半月島五代墓》，《考古》1993 年第 9 期，頁 815～
821。

〔註99〕 陳晶：《常州等地出土五代漆器芻議》，《文物》1987 年第 8 期，頁 73～76。

〔註100〕 俞洪順、梁建民、井永禧：《江蘇鹽城市城區唐宋時期的墓葬》，《考古》1999
年第 4 期，頁 31～39。

〔註101〕 青陽縣文物管理處（黃忠學）：《安徽青陽縣發現一座南唐磚室墓》，《考古》
1999 年第 6 期，頁 92～93。

〔註102〕 武漢博物館：《閱馬場五代吳國墓》，《江漢考古》1998 年第 3 期，頁 67～72。

〔註103〕 劉曉祥：《九江縣五代南唐周一娘墓》，《江西文物》1991 年第 3 期，頁 80～
85。

〔註104〕 池小琴：《江西會昌發現晚唐至五代墓葬》，《南方文物》2001 年第 3 期，頁 7
～9。

〔註105〕 邵磊、賀雲翱：《南京鐵心橋楊吳宣懿皇后墓的考古發掘與初步認識》，《東南
文化》2012 年第 6 期，頁 66～78。

〔註106〕 南京市博物館、棲霞區文化廣播電視局：《南京堯化門五代墓清理簡報》，南
京市博物館編《南京文物考古新發現》，江蘇人民出版社，2006 年，頁 112

行五代墓〔註107〕、2010 年發掘的南京祖堂山南唐 3 號墓〔註108〕。

根據墓葬的形制及墓葬裝飾，可將這些墓葬分爲四型。

A 型　大型多耳室三室墓，墓內裝飾有仿木建築，並施彩繪。此種類型的墓葬爲南京的南唐二陵。

李昇陵（保大元年，943）　又稱欽陵，後改名爲永陵。墓上有封土，周圍約 110 米，直徑約 30 米，墓頂上的封土厚 6.5 米。地下部分爲前、中、後室，每室都附有陳設隨葬品的耳室，其中前、中室左右各一耳室，後室左右各三耳室。共十三室（圖 4-59）。前室爲磚砌，後室爲石質。墓室全長 21.48 米，寬 10.45 米。墓門南向偏西 9°，正中開圓拱形洞門，高 2.81 米，寬 2.38 米，門洞厚 1.8 米，門外及門洞表面塗有較深的土紅色。門左右兩旁隱出磚砌矩形倚柱，柱上隱出闌額，其上各有轉角鋪作半朵。轉角鋪作上承的柱頭枋

圖 4-59　李昇陵平、剖面圖

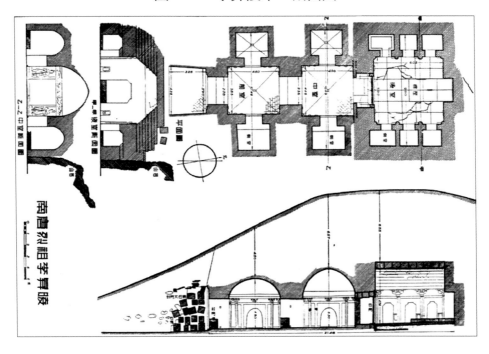

～114。

〔註107〕南京市博物館、雨花臺區文化局：《南京小行西晉、五代墓》，南京博物館編《南京文物考古新發現》，江蘇人民出版社，2006 年，頁 62～63。

〔註108〕王志高、夏仁琴、許志強：《南京祖堂山南唐 3 號墓考古發掘的主要收穫及認識》，《東南文化》2012 年第 1 期，頁 41～51。

正中有補間鋪作一朵，上承橑簷枋一層。柱、枋、斗栱之上均有彩繪。前室平面呈長方形，四壁之上為磚砌的四方合拱而成的室頂。室內南北長 4.5 米，東西寬 3.85 米，高 4.3 米。四壁正中各開一門。室的四角各隱出八角形轉角倚柱一根，南北兩壁門的兩旁，各隱出矩形倚柱一根。東西兩壁門的兩旁，各隱出立枋一根，立枋之外，各隱出八角形倚柱一根。轉角倚柱、矩形倚柱和闌額之上分別裝飾有轉角鋪作、柱頭鋪作和補間鋪作，其上均有彩繪。中室與前室大致相同，平面也作長方形，南北長 4.56 米，東西寬 4.45 米，高 5.3 米。東、西、南壁正中各開一門。除東北角及西北角無轉角倚柱外，其他仿木建築裝飾與前室基本相同。北壁為整面牆，其兩側為兩大塊青色石灰岩立壁，上有浮雕武士像。兩立壁之間，用方板平疊封砌，表面塗深紅色。立壁與磚砌牆之上有石灰岩橫額，其上浮雕龍攫珠。中室與後室之間有一過道，寬 3 米，深 1.9 米，高 2.3 米，此過道是為開啓後室石門之用。後室規模最大，為青色石灰岩造成，平面作長方形，在東北兩壁上，用青石塊構成的大石條向上疊澀，其上再加巨石而成室頂。室內南北長 6.03 米，東西寬 5.9 米，高 4.74 米。南壁正中開一方形門，門扉為巨大青石板製成。東西兩壁各有三門，通向耳室。北壁無門，正中開一凹入牆內的大壁龕，棺床後端深入龕內。後室四壁及四角均裝飾有八角形倚柱，倚柱上有鋪作。東西兩壁各有 3 個小壁龕，用來放置陶俑。四壁表面均塗深紅色，柱、枋、斗栱之上施彩繪（圖 4-60）。室頂用石灰粉刷，上繪天象圖（圖 4-61）。地面上鑿有江河之形。前、中室所附耳室均為磚築，壁面塗深紅色。室頂由四方合拱而成。室內有陳設隨葬品的磚臺。後室所附耳室均為青石疊砌而成。各室大小不完全相同。室內皆有磚臺。

後室的棺床有六塊大青石板合成，全長 3.8 米，寬 2 米，厚 0.5 米。床的正中有一長方形小井，似為古代墓葬腰坑遺制。床的表面周邊有淺浮雕紋飾一周，為海石榴花紋。棺床的前、左、右三個側面有半立體浮雕，作八條龍：前側二龍相對；左右兩側各三條，前後相隨著。棺床的雕刻方法是先將六塊青石鑿成方形，表面磨光，並將它們拼成棺床，於其上勾勒出畫面，然後用減地淺浮雕的方法刻出花紋（圖 4-62）。

李昇陵出土男女陶俑共 136 件（不包括損壞的殘片），以後室最多，計 53 件；中室次之，計 48 件；前室又次之，計 29 件。墓門前出土 6 件。這些陶俑原來應擺放位置應為各耳室的磚臺、各主室的四角及後室小龕內。陶俑大

圖 4-60　李昇陵壁面裝飾

（上：前室南、北、東、西壁；中：中室東、西、南、北壁；下：後室東、西、南、北壁）

圖 4-61　李昇陵後室天象圖

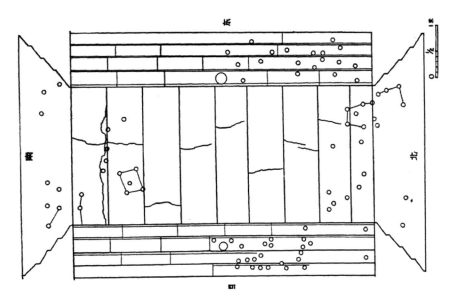

圖 4-62　李昪陵棺床雕刻

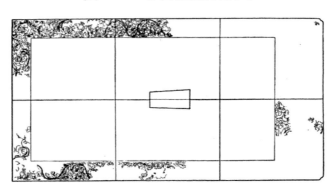

體分三類：拱立俑、持物俑和舞蹈俑（包括伶人俑）。其中以持物俑最多，拱立俑次之，舞蹈俑最少。從出土位置來看，後室出土的類別較多，中室出土的女俑多於男俑，前室出土的男俑多於女俑。俑為模製而成，俑出窯後均塗粉彩繪。大型俑高 60 釐米，中型 50 釐米，小型 40 釐米。除男女陶俑外，還有一部分陶動物俑和人首動物身俑，包括馬 5 件、駱駝 8 件、雞和蛙各 1 件、人首蛇身俑 2 件、人首魚身俑 3 件、人首龍身俑 1 件（圖 4-63）。該墓出土有兩函玉哀冊，分屬李昪及宋皇后。此外，該墓還出土了陶座、陶器、瓷器、玉、骨、銅、鐵等器。

　　李璟陵（北宋建隆三年，962）　又稱順陵。該墓結構與李昪陵大致相同，分前、中、後室，前、中室兩側各一耳室，後室兩側各二耳室，總計十一室（圖 4-64）。墓室絕大部分用磚砌成，只有小部分石材。全長 21.9 米，寬 10.12 米。墓門南偏東 5°。正中開圓拱形洞門，門高 2.75 米，寬 2.55 米，門洞厚 1.9 米。門外及門洞表面塗深紅色，門上及門兩旁有仿木建築結構與李昪陵大體相同。前室南北長 4.67 米，東西寬 3.73 米，高 4.81 米。仿木建築裝飾與李昪陵同，只是南北兩壁門旁無矩形倚柱和柱頭鋪作。中室南北長 4.80 米，東西寬 4 米，高 4.92 米。與李昪陵亦同，不同在於其東北角和西北角各隱出八角形轉角倚柱，柱上各施轉角鋪作一朵。東西兩壁門兩旁無立枋。南壁門兩旁無矩形倚柱和柱頭鋪作。北壁無雕刻，圓拱門兩側隱出闌額和柱頭枋。後室南北長 5.38 米，東西寬 4.35 米，高 5.42 米。後室東西兩側各兩門，每門兩旁隱出一立枋。東西兩壁闌額上各隱出三朵補間鋪作，無柱頭鋪作。南壁門兩旁隱出八角形倚柱，北壁一圓拱形龕，棺床後端嵌入其中，龕兩旁各隱出一八角形倚柱，上施柱頭鋪作。其上均施彩繪（圖 4-65）。

圖 4-63　李昪陵陶俑

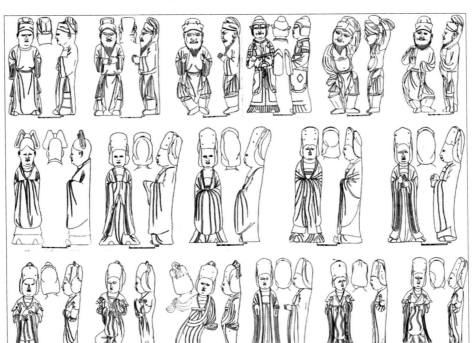

圖 4-64　李璟陵平、剖面圖

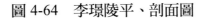

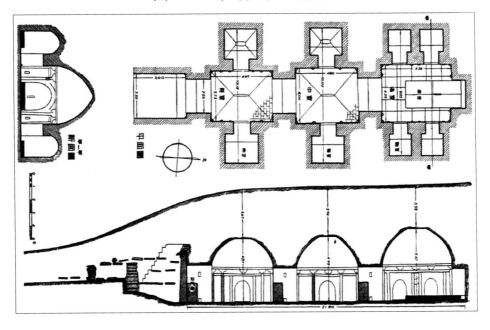

圖 4-65　李璟陵壁面裝飾

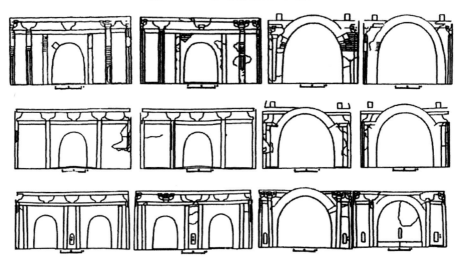

（上：前室東、西、南、北壁；中：中室東、西、南、北壁；下：後室東、西、南、北壁）

　　後室設有七個小壁龕。室頂用石灰粉刷，上彩繪天象圖。後室棺床由四塊大青石合成，全長 4.4 米，寬 2 米，厚 0.4 米。中央靠後有長方形小井一個。其上無雕刻。耳室內均有棺床。該墓出土男女陶俑 54 件，前室 28 件，多爲男俑，中室 18 件，均爲女俑，後室 8 件，男女俑均有。陶俑分佈的位置同李昇陵。從陶俑的姿勢來看，只有拱立俑和持物俑，無舞蹈俑。除男女俑外還出土了陶動物俑和人首動物身俑，其中獅及獅類獸 3 件，狗 1 件，雞和蛙各 1 件，人首蛇身俑 2 件，人首魚身俑 10 件，人首龍身俑 2 件。此外還出土了李璟及皇后鍾氏的石哀冊各一函、陶座、陶器、瓷器、玉骨器、銅器、鐵器等。

　　B 型　雙室墓，此類墓葬有江蘇邗江蔡莊五代墓、合肥西郊南唐墓、江蘇連雲港市 4 號五代墓葬。根據墓葬的規模及裝飾情況又可將它們分爲兩個亞型。

　　B1 型　大型雙室墓，附有耳室，墓內有彩繪。此種類型的墓葬有江蘇邗江蔡莊五代墓和南京堯化門五代墓。

　　江蘇邗江蔡莊五代墓（吳乾貞三年，929）　據報告推測，墓主人應是楊吳皇室成員——尋陽公主。該墓建在山坡上，「依山爲墳」，爲磚、石、木混合結構，由墓門、前、後室和四個側室組成。主室與側室之間有甬道相連（圖 4-66）。總長 14.2 米，寬 10.68 米，總面積 60 多平方米。主室內塗深紅色粉

圖 4-66　江蘇邗江蔡莊五代墓平面圖

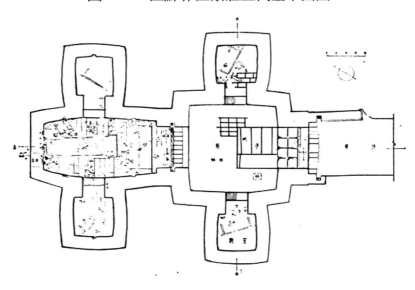

漿，側室及小甬道塗綠色粉漿。墓門甬道長 1.53 米，寬 2.2 米。前室北壁長
4.8 米，另三面壁長 4.4 米，殘高 2 米，頂已毀。前後室之間有甬道，長 1.62
米，寬 2.2 米。後室長 5.86 米，前寬 2.8 米，後寬 2.5 米。壁上有 7 個小龕，
東西兩壁各兩個，後壁 3 個。後室腰坑內放跪俑一件。木棺位於後室正中，
棺頭略偏東，棺的兩旁用磚疊隔成四個大小不等的邊箱。後室頂已破壞，據
農民所見及光緒十四年甘泉縣碑文，其結構為先鋪一層木梁，梁上鋪石板。
石板之間用鐵巴加固，其上再鋪一層大方磚。木梁之下有一層薄木天花板，
其外形為長方平頂，與南唐李昇陵後室頂相似。前後室兩側各有一耳室。後
室的側室並有小壁龕一個，每個側室均有放置隨葬品的木床一張。

　　葬具為枏木，木棺底部為須彌座形，長 3.81 米，前寬 1.28 米，後寬 1.13
米，高 0.4 米。束腰部分裝飾有木雕壺門，壺門內各有鎏金的火焰珠花紋銅飾，
須彌座及棺身均用圓形和菱形的鎏金銅花釘裝飾，須彌座上邊並有一周木雕欄
干。棺牆呈弧形，長 3.3 米。棺身塗深紅色漆，頭尾各有一道帶形黑漆，界線
分明。須彌座亦為黑紅兩色漆成，木棺漆皮大部分剝落。棺的「前和」處原
有木屋設置，「前和」寬 1.27 米，高 1 米。「後和」寬 1 米、高 0.85 米。

　　隨葬品有木俑、木器、樂器、陶瓷器、金屬器皿等。其中木俑 44 件，主
要出土於後室，少數出土於側室，包括男俑、女俑、動物俑、神獸俑等。皆
用枏木雕成，基本保存完好，帶有方形或長方形木座。男俑 20 件，通高 36

～40 釐米，可分爲執盾武士俑、昂首執笏俑、跪俑、戴帽俑和帶襆頭俑、生肖俑。女俑 13 件，分爲著衣女俑和一般女侍俑。著衣女俑已殘碎，高 60 釐米，頭和身軀塗黑漆，四肢可活動，所著衣服已不存，可能是舞蹈俑。動物俑和人首動物身俑 12 件，多數完好，有鎮墓獸、雞俑、蛙俑、人首蛇身、人首魚身、人首龍身、人首獸身俑等，其中人首動物身俑與南唐二陵的同類俑極爲相似。

此外還出土了琵琶兩件、拍板六塊、四弦孔指板、木製樂器架三個等。後室出土一批木架、木座、木器殘件和雕花板。雕花板上浮雕有木龍、木鳳，此外還有蕙草雲紋板和木蓮瓣等。這些雕花板可能附屬於墓室木結構和其他器物上的裝飾品。

南京堯化門五代墓　墓葬全長 7.4 米，總寬 5.63 米，方向 60°。右前後兩個墓室，後室兩側各有一「凸」字形耳室，兩室之間有過道相連。前室長 1.64 米，內寬 1.16 米，殘高 1.5 米。過道長 0.57 米，內寬 1.94 米，內高 1 米。後室長 4.4 米，內寬 1.6 米，內高 1.94 米。後室中央有磚砌棺床，長 4 米，寬 1.4 米。棺床中部有一方形「金井」，長 0.5 米，寬 0.4 米，內有水銀。後室兩側的耳室大小、結構完全相同。均由甬道和主室兩部分組成。甬道長 0.58 米，寬 0.74 米，內高 1.01 米。主室長 1.05 米，寬 0.96 米，內高 1.36 米。前後室共設 12 個大「凸」字形壁龕，其中前室封門牆兩側各一，後室前壁兩側各一，側壁及後壁各三。壁龕大小相近，長 17 釐米，高 43.5 釐米，深 15 釐米。此外，兩耳室後壁均設一小「凸」字形壁龕。前室出土瓷碗 6 個，墓底中部發現一合方形石質墓誌。墓主可能是南唐重要的功臣貴族。

B2 型　小型雙室墓，壁面無裝飾，此類墓葬有合肥西郊南唐湯氏墓和江蘇連雲港市 4 號墓。

合肥西郊南唐湯氏墓（南唐寶大四年，946）　分爲前、後兩室，全長 4.35 米。前室長 1.19 米，寬 1.2 米，高 1.2 米，後室長 2.9 米，寬 0.44 米，高 1.1 米，通往後室的拱門頂有一道橫壁，高 1.12 米（圖 4-67）。前室置木屋，通高 62 釐米，寬 50.5 釐米，屋高 43 釐米，臺高 19 釐米（圖 4-68）。木屋兩側放置有陶瓶 2 件，插頭木俑 3 件，扁體俑 2 件，中間木板上放木胎漆碗 1 件。後室棺前有木俑 2 件，墨書木板買地券 1 方，棺蓋上放扁體俑 2 件，棺外兩側各放扁體俑 5 件，棺後放釉陶罐 2 件，棺內多實用器皿，如白瓷、金銀器、金銀首飾、銅鏡、木梳等。

圖 4-67　安徽合肥南唐湯氏墓平面圖

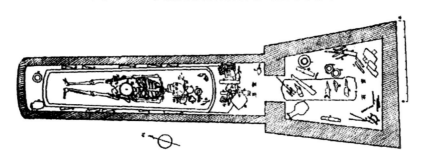

圖 4-68　小木屋複製品（正面）

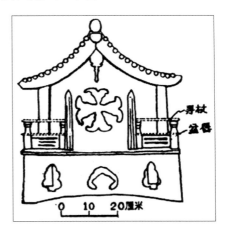

　　江蘇連雲港市 4 號墓（南唐末北宋初）　該墓爲帶短甬道的前後雙室磚墓，墓向 152°。前室近圓形，後室爲長方形，墓最前部有一小甬道，砌成 44 釐米的高臺，可能兼有祭臺的作用（圖 4-69）。該墓用三塊長方形石頭豎立封門，後室用一塊長方形石頭封堵。墓主爲男性。隨葬品爲影青瓷器碗、白瓷碗、釉陶器、銅鏡等。

　　C 型　單室墓，磚砌而成。此種類型的墓葬有南京鐵心橋楊吳宣懿皇后墓、江蘇常州半月島五代墓和江蘇吳大和五年墓。

　　南京鐵心橋楊吳宣懿皇后墓　墓向 290°，平面呈「中」字形，內長 5.32 米，復原內寬約爲 2.46 米，由甬道與墓室、耳室等部分組成（圖 4-70）。甬道爲長方形券頂，但券頂結構大都已坍塌無存，內長 0.8、內寬 0.9、殘高 1.18 米。甬道後即是墓室，墓室由主室及附屬的耳室與壁龕構成，內長 4.52、內寬 1.52、殘高 1.12 米。墓室頂部已坍塌，僅由左壁與後牆夾角處的殘餘疊澀

圖 4-69　江蘇連雲港市 4 號墓平、剖面圖

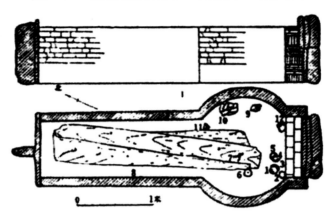

圖 4-70　南京鐵心橋楊吳宣懿皇后墓平、剖面圖

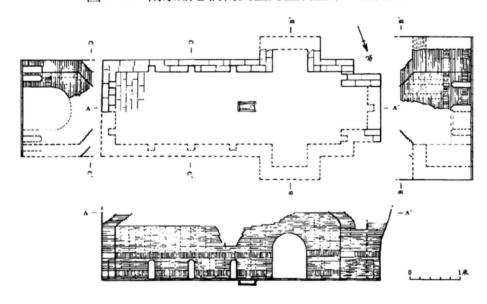

結構,可推斷其為四邊疊澀式穹窿頂。耳室位於墓室左右兩壁前部、距甬道約 66 釐米處,其中右壁耳室已被挖毀,左壁耳室為長方形券頂結構,立面作圓拱形,寬 70、高 98、進深 47 釐米,其後壁亦被拆除殆盡。墓室四壁設有接地壁龕,尚存 6 個。這種壁龕可能原有 12 個,具體分佈應為:墓室左、右、後壁各開 3 龕,與甬道相接的墓室前壁開 2 龕,甬道前壁開 1 龕。壁龕均作細高狹長的拱形,寬 13、高 40、進深 13 釐米。墓室內前後共鋪磚 37 排,在第 15 排至 17 排間、距左壁 40 釐米處,闢出一個腰坑。腰坑長 30、寬 14、

高 8 釐米，坑內滿貯水銀，水銀上浮有一具木俑，木俑臉朝下作俯伏狀。墓室及甬道四壁均塗刷黃褐色粉漿，呈色深淺不一，以封門、甬道及耳室部位尤其顯著。墓內木棺等葬具多被劈碎掀至墓外，形制不明，其表面髹塗紅漆，紅漆多有脫落，部分棺木殘件上尚可見梅花形帽銀釘等裝飾物。該墓出土遺物 40 件，包括瓷、木、銀、銅、鐵、石等材質。墓主宣懿皇后可能是楊吳宣皇帝楊隆演的妻室。

　　江蘇常州半月島五代墓　方向 155°。墓葬平面呈臥置的壺瓶形，分為墓門、甬道、墓室等部分，全長 5.84 米（圖 4-71）。封門牆在甬道南端，甬道券頂已塌，長 0.89 米，殘高 1.35 米。墓室頂部為疊澀砌築的穹頂，已塌。墓室長 4.66 米，最寬處 2.29 米。東、西、北壁距地面 53 釐米處等距離開設 3 個圭形小龕。東壁上層有磚砌的直欞形假窗，西壁已殘，估計也有類似的假窗。墓室後部有楠木棺一具，長 3.26 米，頭端殘寬 0.65 米，腳端寬 0.54 米。木棺外表髹黑漆，內髹朱漆，但漆皮大多脫落。整個木棺擱置在木質墊框架上，墊框架下又用磚塊襯墊，構成簡易的棺床。木棺框架比棺底板長出 68 釐米。根據棺前遺存有木質望柱、木雕蓮花頭飾件及其他朽木殘片，可能木棺前曾有木屋、木橋及圍欄等裝飾。木棺內的器物包括漆器、瓷器、銅鏡、錢幣等，棺

圖 4-71　江蘇常州半月島五代墓平、剖面圖

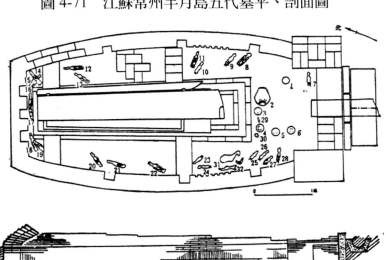

外有木俑、褐釉碗、青釉壇等。其中木俑共 25 件，皆用杉木製成，其中男吏俑 10 件，男僕俑 5 件，侍女俑 4 件，此外還有女僕俑、虎俑、馬俑。

　　江蘇吳大和五年墓（933）　墓主人爲守海州刺史趙思虔夫人太原縣君王氏。該墓未被盜。墓室內長 7.7 米，南寬（門寬）2.8 米，中寬 2.75 米，北寬 1.21 米，南頂高（門高）2.16 米，北頂高 1.73 米。墓門朝南，門前有長 3.05 米，寬 0.75 米的磚牆封堵。內壁有壁龕 12 個，北壁 2 龕，東西兩壁各 5 龕，呈「凸」字形。棺槨爲木質，髹漆，但已剝落。隨葬品有陶瓷器、金屬器、木俑等。共發現木俑 24 個，均爲女像，其中 12 個多位於槨外四周。另外 12 個木俑置於壁龕中，已朽。墓中的金屬器包括金銀釵、銀鐲、銀粉盒、銅鏡等。此外還出土了墓誌一方。

　　南唐祖堂山南唐 3 號墓　該墓葬位於南京市江寧區祖堂山南麓、南唐中主李璟順陵西北約 100 米一處地勢較高的緩坡上，距陵園西牆約 8 米，高程 74.8 米（圖 4-72）。豎穴土坑磚石結構，方向 158°，由封土、墓坑、防盜石板及磚室等部分構成。平面呈中字形，長 7.3 米，總寬 5.8 米，中部寬 3.2 米，

圖 4-72　南京祖堂山 3 號墓在南唐陵園中的位置示意圖

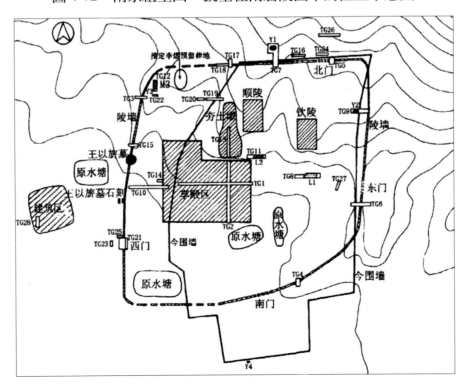

深 4.8 米，中部兩側外凸，下為磚室耳室，外凸部分呈對稱的長方形，東西長
1.3 米，南北寬 2 米。在距坑口 1.5 米墓坑中部填土中發現一層防盜石板，南
北長 5.92 米，東西寬 3.15 米，厚 0.18～0.23 米，未覆蓋於耳室及甬道頂部。
防盜石板共 17 塊，分南北六排，南面 5 排分東、中、西 3 列，其上由南向北
依次鑿刻編號「東一」至「東五」、「中一」至「中五」、「西一」至「西五」。
石板均近方形，除「東五」石板稍大、「中五」石板稍小外，餘大小相近，邊
長 0.94～1.08 米（圖 4-73）。坑口下 1.9～2.04 米為磚室頂部，總長 6.84 米，

圖 4-73　3 號墓防盜石板平面圖

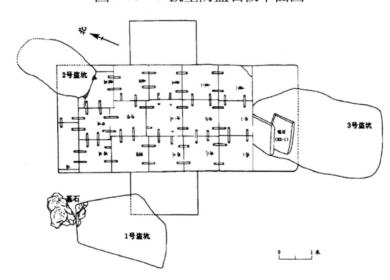

圖 4-74　3 號墓西壁剖面圖

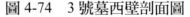

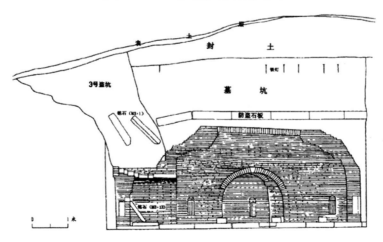

寬 5.51 米，由甬道、墓室、耳室等部分組成。甬道為長方形券頂，內長 1.26
米，內寬 1.33 米，內高 1.46 米，前壁中部偏下設一壁龕。墓室長方形，南北
內長 4.8 米，前寬 2.08 米，後寬 1.8 米，通高 2.40～2.52 米。墓頂為四邊疊澀
式穹窿頂（圖 4-74、圖 4-75、圖 4-76）。除近墓底外，墓壁及墓頂多被煙薰
黑，甚至部分磚縫間的黃泥漿也燒成紅色硬土，證實墓內曾遭火焚燒。耳室
位於墓室中部兩側，距北壁 1.76 米。長方形券頂，口寬 1.72 米，總進深 1.4
米，內高 1.4 米。側壁入內 0.92 米後又各有一偏向南側的券頂龕室，龕室與

圖 4-75　3 號墓北壁、南壁剖面圖

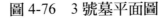

圖 4-76　3 號墓平面圖

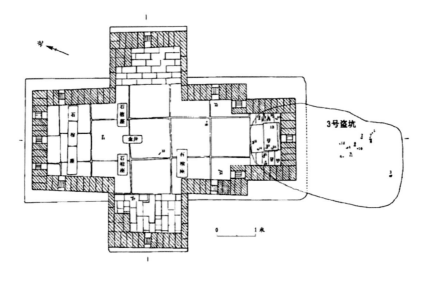

耳室等高，寬 1.32 米，深 0.48 米，龕室後壁中部偏下各設一壁龕。磚室四壁近底共設壁龕 12 個，其中墓室北壁等距分佈 3 個，東西兩側壁南北兩端各設 1 個，甬道前壁設 1 個。壁龕大小、形狀基本相同，下部為長方形，上部兩端抹角，高約 0.5 米，寬 0.16～0.18 米，深 0.14 米。龕內未發現遺物。墓葬因早年遭盜擾，僅出土玉、陶瓷、銀、鐵等質地遺物 40 餘件。墓主可能為南唐後主李煜昭惠國後周氏。

D 型　小型單室墓，墓葬規模很小，墓室長 2～3.5 米，寬 1 米左右。墓葬無彩繪裝飾，亦無仿木建築。此種類型的墓葬有安徽青陽縣南唐墓、九江縣五代南唐周一娘墓、江西會昌五代墓葬、常州五代墓、江蘇連雲港市五代墓（1、3 號墓）、南京小行五代墓、鎮江市何家莊五代小磚室墓。

安徽青陽縣南唐墓（M1）　此墓為磚築券頂單室墓，方向 282°。墓室呈長方形，長 3.1 米，寬 0.94 米，殘高 0.38～0.72 米。墓壁兩側各有 4 個壁龕，兩端各有 2 個壁龕（圖 4-77）。隨葬品為陶硯、瓷器、銅錢等。

圖 4-77　安徽青陽縣南唐墓平面圖

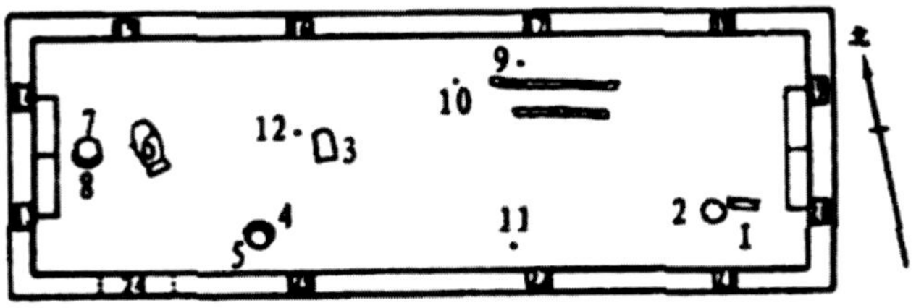

九江縣五代南唐周一娘墓（南唐保大十二年，954）　單室墓，平面呈長方形，磚砌墓壁，石板蓋頂，無甬道，無墓門。墓室長 3.75 米，寬 1 米，高 0.95 米。墓室左、右、後三壁砌有十三個小龕，左右壁各 6 個，後壁 1 個。隨葬器物一部分置於墓室後部，銅鏡出土於中部，買地券斜傍於右壁前部，每個壁龕內均放置一件青瓷盞。此外還出土有青瓷器、銅鏡等。

江西會昌晚唐至五代墓葬　南北向，墓室平面呈長方形，長 2.1 米，寬約 1 米。隨葬品為陶瓷器、銅器、鐵器。

常州五代墓　磚室木棺墓，棺的頭箱後箱內出土有漆器。該墓未有正式發掘報告，墓葬結構不詳。

江蘇連雲港市 1 號南唐墓　該墓為近長方形單室磚壁石頂墓（圖 4-78），方向 145°，殘高 0.90 米，通長 3.31 米，前寬 1.38 米，後寬 1.23 米。內有棺

圖 4-78　江蘇連雲港 1 號墓平、剖面圖

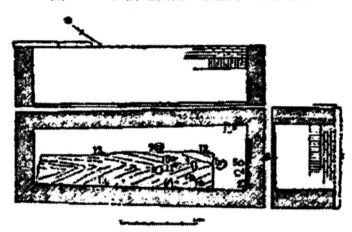

木一具，已朽。墓主爲女性。隨葬品爲青瓷、白瓷、釉陶器、銀首飾、銅鏡等，銅鏡上有「官都省銅坊匠人倪成」。

　　江蘇連雲港市 3 號墓（南唐末北宋初）　該墓爲長方形單室磚壁石頂墓，方向 115°，通長 3.24 米，寬 0.80 米（圖 4-79）。該墓無前壁，其它三壁用亂磚疊砌，室頂上覆蓋四塊大石。墓內狹窄矮小，不能容棺，亦未見到人骨與隨葬品，只在墓外西南角隨葬一件泥質灰陶盆。

圖 4-79　江蘇連雲港 3 號墓平、剖面圖

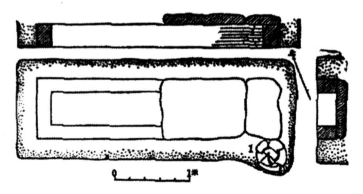

　　南京小行五代墓　長方形單室磚墓，方向 214°（圖 4-80）。墓葬全長 3.88米，外寬 1.62 米，殘高 0.3～0.5 米。墓室中出土瓷碗、瓷壺共 3 件。

　　鎮江市何家莊五代小磚室墓　未有正式發掘報告，墓葬結構不祥，墓中出土有青瓷器。

圖 4-80　南京小行五代墓平、剖面圖

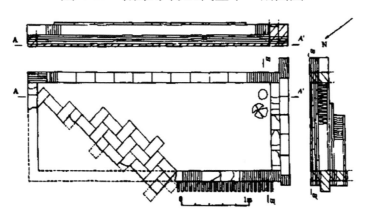

E 型　土坑墓，多有木棺出土。屬於此種類型的墓葬有武漢市武昌區吳國墓、江蘇鹽城市城區五代墓（M4）和江蘇揚州五臺山五代墓。

閱馬場五代吳國墓（M1、M2）　此處共發現 4 座五代墓葬，只發掘了 2 座，對另外兩座進行了保護性封墳。從四座墓葬的分佈情況看，墓地的範圍要比工作範圍大得多。爲長方形土坑木棺墓。兩墓木棺保存完好，形制完整，兩墓並列，間距 2 米，方向均爲 45°。土坑略大於木棺。兩木棺形制相同，前寬後窄，呈長方匣形。由蓋板、底板、前後擋板、左右側板合成，樺鉚結構。棺板皆爲厚 4 釐米的紅杉木，外髹黑漆。前端有一空檔，放置部分隨葬品（圖 4-81）。其使用功能、形制風格，與唐代長方形磚墓內的甬道相

圖 4-81　閱馬場五代吳國墓平、剖面圖

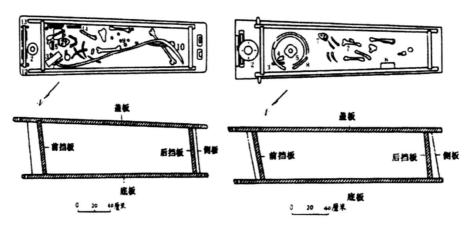

（左 M1：右 M2）

似，應是承襲其葬俗變化而來。出土的隨葬品有銅器、瓷器、銀器、漆木器、竹編器、銅錢、木質買地券等。兩墓的買地券及瓷器皆出自棺外前端空檔處，餘皆出自棺內。M1 墓主為成年男性，M2 為成年女性，兩墓應是「同塋異穴夫妻合葬墓」。M1 的年代為楊吳乾貞二年（928），M2 的年代為楊吳大和二年（930）。

江蘇鹽城市城區五代墓（M4） 該墓存有部分棺木，棺底長 2.1 米，寬 0.55 米。隨葬品為陶器、青瓷、錢幣等。

江蘇揚州五臺山五代墓（M2、M9、M10、M15、M22） 五座墓均無墓壙，M2、M10、M15、M22 的方向分別為 156°、220°、135°、372°。M9 位於 M10 旁邊，僅有頭骨和部分肢骨。墓主人均為仰身直肢葬。隨葬品為陶器、青瓷、白瓷、銅器等。

此外，1960 年，江蘇寶應縣涇河還出土兩具南唐木棺，兩者相距僅 20 多米，方向均東南向 133°。其形制基本一致，棺蓋及棺底的前出部分頗長，此「前和」部分安置有木屋（圖 3-32）。木屋高 74 釐米，寬 84 釐米，深 70 釐米，木材為松木。木屋體型甚小，是一種象徵性的木構建築。兩座木屋的形式結構基本相同，1 號木屋復原後更為完整。該木屋分為水池和屋宇兩部分。水池位於屋宇正前方，池岸周圍設有欄干（1 號木屋有四面，2 號木屋有三面），池中有一高拱形木橋，與屋宇的大門衝接貫通。木屋結構較為複雜，位於水池的後面，緊靠棺的「前和」。屋宇正中設兩扇門扉，作板門狀，門上墨繪門釘，門上還釘有金屬鋪首，鋪首獸面的邊緣做多邊形，衝環作下垂的長圓形，與揚州平山堂出土的南唐木屋的鋪首相像，與唐代也頗一致。門內上下裝有門樞結構。門扉兩旁設有直櫺窗，1 號木屋直櫺窗下還有透空的壺門，2 號木屋的直櫺窗下無壺門，但窗前有一對站著的木雕人像，門窗下有較高的基座。臺基為須彌座式，角柱為八角形。斗栱有兩種：轉角鋪作與補間鋪作，補間鋪作的駝峰上有墨線描繪的花紋。屋頂上半截的三面緊靠著木棺的「前和」部分，形式似歇山頂，屋頂坡度為 29°，兩角餓脊微微反翹，屋面上突起瓦隴十八行，瓦隴、椽子皆伸出簷口外，簷口做成滴水狀。椽為矩形，椽的排列與瓦隴相對，椽擋相當疏朗，靠近角梁處並有翼角斜椽。角梁前端斜殺，上無套獸，而有金屬飾件釘眼的痕迹，在瓦頭上亦有飾釘眼的痕迹。揚州平山堂也出土了一座南唐木屋（昇元二年，938），遺物中有木俑、木地券、白瓷器、開元通寶、鐵剪、木梳等。木屋結構中有水池部分的欄干、

木橋。體型較小故顯得十分纖巧，屋宇部分不夠完整，只有金屬飾件中的鋪首和帽釘。〔註109〕

通過上述分析可以看到，B1型江蘇邗江蔡莊五代墓的墓主爲楊吳皇室成員——尋陽公主，由墓門、前、後室和四個側室組成，這種多耳室墓應代表了楊吳政權皇族的墓葬制度。其中棺的「前和」處設有木屋的做法在南唐中下層墓葬中得到了延續，如江蘇常州半月島五代墓、合肥西郊南唐湯氏墓。江蘇寶應縣涇河還出土兩具南唐木棺「前和」部分也安置有木屋。南京鐵心橋楊吳宣懿皇后墓雖同爲皇室成員墓葬，但規模遠小於旬陽公主墓。根據學者的考證，宣懿皇后爲厭惡政權第三代王楊隆演的皇后，卒葬於北宋初年的建隆年間，享年71歲。當其時，適值南唐中主李璟卒葬南都洪州與南唐後主李煜在金陵即位前後。亡國後的楊吳皇室成員均被囚禁，朝不保夕，宣懿皇后能夠被南唐政權妥善安葬已非易事，其墓葬規模當然不能與尋陽公主相比，亦不能體現楊吳政權的陵墓制度。〔註110〕

A型墓葬均爲帝陵。該形制應是承襲了楊吳的傳統，亦爲多耳室墓，只是規模更爲宏大。兩座帝陵形制及墓室的長度基本相同，但在耳室的數量、材質、隨葬品等方面存在明顯的差異：其一，從規模上看，前、中室左右各一耳室，後室左右各三耳室，共十三室。而李璟陵前、中室兩側各一耳室，後室兩側各二耳室，總計十一室。其二，從墓室的材質來看，李昇陵的前、中兩室爲磚砌，後室爲石質；而李璟陵絕大部分用磚砌成，只有小部分石材。其三，從葬具裝飾來看，李昇陵的棺床由六塊大青石板合成，床的表面周邊刻有淺浮雕海石榴花紋。棺床的前、左、右三個側面有半立體浮雕，共八條龍。李璟陵的棺床是由四塊大青石合成，其上無雕刻。其四，從隨葬陶俑的數量來看，李昇陵出土較爲完整的男女陶俑共136件，而李璟陵出土男女陶俑僅54件，且其中未出現舞蹈俑。前者的佈局較爲規整，不同性別、服飾、姿態的陶俑代表著不同的宮廷侍者的身份。〔註111〕其五，李昇陵中的哀冊爲淺綠色或白色玉精製而成，字內原有貼金。每片哀冊大小相等，長16釐米，寬7釐米，厚0.2～0.3釐米；李璟陵中的哀冊則爲質地較差的石灰岩製成，

〔註109〕黎忠義：《江蘇寶應縣涇河出土南唐木屋》，《文物》1965年第8期，頁47～51。

〔註110〕邵磊、賀雲翔：《南京鐵心橋楊吳宣懿皇后墓的考古發掘與初步認識》，《東南文化》2012年第6期，頁66～78。

〔註111〕《南唐二陵》，頁77～80。

每片寬 2.8 釐米，僅相當於李昇陵玉哀冊片寬度的三分之一左右，字內無貼金。造成這種差別的原因主要集中在兩個方面：

首先是兩位帝王身份的變化。根據文獻，南唐烈祖李昇原爲楊吳徐溫的養子，名徐知誥，昇元元年（937），他接受了吳主的禪位，即皇帝位，國號大齊。爲了獲得其身份的合法性，他恢復李姓，改名曰昇，並奉唐代吳王恪爲祖，「改國號曰大唐」。〔註112〕當時中原爲後晉政權，晉高祖石敬瑭依靠契丹的援助於天福元年（936）登上皇位，作爲回報，石敬瑭割讓雁門以北及幽州之地予契丹，每年納貢輸帛三十萬，並尊奉契丹耶律德光爲父，契丹國與後晉亦爲「父子之邦」〔註113〕，李昇稱帝後，「契丹使赫嚕來以兄禮事帝」〔註114〕，那麼，作爲契丹的附庸，後晉雖未明確承認南唐政權的合法性，但應是持默認態度的。至李璟朝，政局發生了變化。後周世宗柴榮數次南征，至交泰元年（958）正月，「世宗幸迎鑾以臨大江，景知不能支，而恥自屈身去其名號，乃遣陳覺奉表，請傳國與其世子而聽命」，並「盡獻江北諸州」，

〔註112〕「（昇）自言唐憲宗子建王恪生超，超生志，爲徐州判司；志生榮。乃自以爲建王四世孫，改其國號曰唐。」（《新五代史・南唐世家第二》卷六十二，頁767。）《資治通鑒》：「南唐初欲祖吳王恪，或請祖鄭王元懿。唐主命考二王苗裔，以吳王孫禕有功，禕子峴爲丞相，遂祖吳王。」《資治通鑒・魏紀一》卷六十九，頁2188。《十國春秋》亦有類似記載：「帝欲祖吳王恪。或言恪誅死，不若祖鄭王元懿。帝命有司考二王苗裔，以吳王孫禕有功，禕子峴爲宰相，遂祖吳王。云：自峴五世至父榮，榮父志，志父超早卒，志爲徐州判官，卒官其名，率皆有司所撰。帝又以歷十九帝三百年，疑十世太少。有司曰：『三十年爲世，陛下生於文德，已五十年矣。』乃從之。」文中稱恪爲吳王。《十國春秋・南唐一・烈祖本紀》卷十五，頁115。《舊五代史》與上述記載不同：「昇自云唐玄宗第六子永王璘之裔，唐天寶末，安祿山連陷兩京，玄宗幸蜀，詔以璘爲山南、嶺南、黔中、江南四道節度採訪等使。璘至廣陵，大募兵甲，有窺圖江左之意，後爲官軍所敗，死於大庾嶺北，故昇指之以爲遠祖。因還姓李氏，始改名昇，國號大唐。」（《舊五代史・僭僞列傳第一》卷一百三十四，頁1787。）文中指出李昇以永王璘爲遠祖。根據文獻，吳王恪乃唐太宗第三子，其孫名禕。（《舊唐書・列傳第六十二》卷一百一十二，頁3342。）建王恪爲唐憲宗第十子，長慶元年（821）薨，無嗣。（《新唐書・列傳第七》卷八十二，頁3630。）筆者認爲，建王恪無嗣，不可能爲李昇所祖。而永王璘及其子傷等死於叛亂，也不應爲李昇的首選，只有吳王恪的子孫有所作爲，較符合李昇尋祖的目的，因此，本書取《資治通鑒》和《十國春秋》的說法。

〔註113〕《舊五代史・晉書一・高祖紀第一》卷七十五，頁984～989。

〔註114〕《十國春秋・南唐一・烈祖本紀》卷十五，頁115。

與後周「畫江以爲界」。五月，「下令去帝號，稱國主，奉周正朔」〔註115〕。
「凡天子儀制皆從降損，改名景以避周廟諱」〔註116〕。北宋建隆二年（961）
李璟卒，臨終前「疾革親書，遺令留葬西山，累土數尺爲墳。且曰，違吾言
非忠臣孝子」。後主李煜不忍從遺令，迎梓宮還金陵。〔註117〕並遣使赴宋，請
求恢復李璟的帝號，太祖皇帝許之。〔註118〕李璟雖以皇帝的身份安葬，但這
一虛名與李昇的帝王身份卻有著實質上的差別。

其次是財力的差異。李昇建國後，一直奉行保境息民的政策：一方面與
鄰國修好，兵不妄動，使百姓免於戰亂之苦〔註119〕；另一方面採取歸還農民
土地、勸勵耕織、減免賦稅等措施以使他們休養生息〔註120〕。繼位之初的
三、四年間，李璟尚能遵守先主遺命，延續保境息民之制，使得南唐「耕織
歲滋，文物彬煥，漸有中朝之風采」〔註121〕。當時的南唐「東暨衢、婺，南
及五嶺，西至湖湘，北據長淮，凡三十餘州，廣袤數千里，盡爲其所有，近
代僭竊之地，最爲強盛」〔註122〕。不久，李璟便不顧李昇臨終前的囑託，「自
以唐子孫，慨然有定中原復舊都之意」〔註123〕。在查文徽、馮延魯等大臣的
慫恿下，李璟先後派兵攻打閩國、吳越、荊楚、南漢、後漢等地，均無功而
返。由於連年征戰，烈祖累積下來的大筆財富已消耗殆盡，國家財政陷入危
機。〔註124〕

基於上述原因，李璟陵雖然在墓葬規模、形制上享受了帝王的待遇，但
在墓葬、哀冊的材質、隨葬俑的數量及種類上遠遠不及李昇陵。相比之下，
墓主爲南唐後主李煜昭惠國後周氏的祖堂山 3 號墓的規模更是相差甚遠。根

〔註115〕《新五代史‧南唐世家第二》卷六十二，頁 774～777。
〔註116〕《十國春秋‧南唐二‧元宗本紀》卷十六，頁 121。
〔註117〕《十國春秋‧南唐二‧元宗本紀》卷十六，頁 122。
〔註118〕《新五代史‧南唐世家第二》卷六十二，頁 777。
〔註119〕《十國春秋‧南唐一‧烈祖本紀》卷十五，頁 113～117。
〔註120〕詔曰：乃者干戈相尋，地莁而不薿，桑隕而弗蠶，衣食日耗，朕甚閔之。民
有向風來歸者，授之土田，仍給復三歲。(宋) 陸游：《陸氏南唐書》卷一，《四
庫‧史部‧載記類》(158)，頁 792。
〔註121〕「吾既棄代，汝善和鄰好，以安宗祜爲意，不宜襲隋煬帝之迹，恃食阻兵，
以自取亡覆也。」《釣磯立談》，《四庫‧史部‧載記類》(158)，頁 671。
〔註122〕《舊五代史‧僭僞列傳第一》卷一百三十四，頁 1787。
〔註123〕《陸氏南唐書》卷十五，頁 821。
〔註124〕陳葆眞：《南唐中主的政績與文化建設》，《美術史研究集刊》第三期，頁 41
～89。

據學者的研究，其原因可能有以下幾點：其一，墓主身份爲皇后，墓葬規模理應小於帝王陵；其二，國後周氏臨終前曾要求薄葬；其三，當時李煜已被迫去帝號，自稱國主，皇后陵的規模小於欽陵和順陵，也屬情理之中；其四，該墓可能是一種臨時性瘞葬，根據南唐先例，在李煜百年後，國後周氏靈柩亦需改遷與之合葬。〔註125〕

　　二陵中發現的大量的陶俑也值得關注，它們均爲模製而成，此做法與唐墓中的陶俑相同，所不同的是，工匠在陶俑上多施雕刻，如俑的耳、目、鼻、鬚髮以及頭飾、帽子、衣服、靴鞋等均經過了細緻的雕刻，然後再施白粉並彩繪。就雕刻的技法、風格而言，與同時期陝西的李茂貞夫人墓和馮暉墓中的磚雕極爲相似（圖1-37）。可知，後晉以後，磚雕的技法較爲普遍，這種技法在宋代墓葬中得到了充分展現。

　　此外，俑的襆頭、髮髻上均有小孔，表明俑的部分髮飾、冠飾爲附加的。閩國劉華墓的女俑髮髻處也有若干小孔，應是插飾物之用。這一做法還見於王建像，該像的臉頰上各有一小孔，顯然是用來裝飾鬚髯的。此外，江蘇邗江蔡莊五代墓頭和身軀塗黑漆，四肢可活動，所著衣服已不存，可能是舞蹈俑。事實上，此做法可追溯到漢代，如漢景帝陽陵中的陶俑原裝有木質臂膀，俑體披穿衣袍鎧甲，絲織品縫製的衣服已朽毀。〔註126〕上述的做法應旨在追求陶俑的眞實性。

（三）吳越（907～987）〔註127〕

　　目前發掘的吳越國墓葬共13座，主要分佈在杭州、臨安和蘇州地區，主要有：1958年發掘的杭M26吳漢月墓、1962年發掘的臨M20錢元玩墓、1965年發掘的杭M27錢元瓘墓〔註128〕、1970年發掘的浙江臨安板橋M21五代墓〔註129〕、1978年發掘的浙江臨安M23晚唐錢寬墓〔註130〕、1979年發

〔註125〕王志高、夏仁琴、許志強：《南京祖堂山南唐3號墓考古發掘的主要收穫及認識》，《東南文化》2012年第1期，頁41～51。

〔註126〕陝西省考古研究所漢陵考古隊：《中國漢陽陵彩俑》，陝西旅遊出版社，1992年。

〔註127〕關於吳越是否改元之事，史書記載不盡相同。根據孫先文的考證，吳越確曾改元，其年號有天寶、寶正、寶大。孫先文：《吳越錢氏政權研究》，安徽大學碩士論文，2004年，頁17～18。

〔註128〕浙江省文物管理委員會：《杭州、臨安五代墓中的天文圖和秘色瓷》，《考古》1975年第3期，頁186～194。

〔註129〕浙江省文物管理委員會：《浙江臨安板橋的五代墓葬》，《文物》1975年第8

掘的蘇州七子山五代墓〔註131〕、杭州三臺山 M32 五代墓〔註132〕、1980 年發掘的臨安 M24 錢鏐母親水邱氏墓〔註133〕、1986 年發掘的浙江樂清縣五代墓〔註134〕、1996～1997 年發掘的浙江臨安 M25 五代吳越國康陵〔註135〕、文化大革命期間清理的臨 M22 吳越墓〔註136〕。根據墓葬的形制及其裝飾可將它們分爲五型。

A 型　三室壁畫墓，前室兩側各有一耳室。墓室有彩繪，後室均裝飾有四神和十二生肖人物浮雕，頂部裝飾有石刻天象圖。此種類型的墓葬有杭 M27 錢元瓘墓、浙江臨安 M25 五代吳越國康陵。

浙江臨安 M25 五代吳越國康陵（後晉天福四年，939）　方向 45°，全長 26.1 米，寬 11.7 米。包括墓道、前、中、後室，前室兩側各有一耳室（圖 4-82）。墓道殘長 11.5 米，寬 3.4 米。墓門外有一堵封門牆，封門牆內是一扇拱形紅色砂岩大石門，中高 2.2 米，寬 1.77 米，厚 0.2 米。墓門及拱券磚面上抹有石灰面，其上殘留朱紅色的纏枝牡丹花圖案。前室爲磚砌，中、後室雙重墓壁，外壁用磚砌成拱券，內壁爲石板結構。前室呈方形，前後長 2.05 米，寬 2.1 米，高 3 米，爲磚砌穹隆頂結構，頂部正中形成邊長爲 0.22 米的方形藻井，深 0.05 米。地面用整塊紅色砂岩鋪成。左右各有一耳室，均爲拱形門。耳室內發現朱紅色漆皮和小鐵釘，還發現鐵鎖、鐵環、銅鎖、銅環，推測這裡曾放置木箱之類的隨葬品，左耳室正壁鑲嵌青灰色石墓誌一方，發

期，頁 66～72。

〔註130〕浙江省博物館、杭州市文管會：《浙江臨安晚唐錢寬墓出土天文圖及「官」字款白瓷》，《文物》1979 年第 12 期，頁 18～23。

〔註131〕蘇州市文管會、吳縣文管會：《蘇州七子山五代墓發掘簡報》，《文物》1981 年第 2 期，頁 37～45。

〔註132〕浙江省文物考古所：《杭州三臺山五代墓》，《考古》1984 年第 11 期，頁 1045～1048。

〔註133〕浙江省文物管理委員會、杭州師範學院歷史系考古組：《杭州郊區施家山古墓發掘報告》，《杭州師範學院學報》1961 年第 1 期；明堂山考古隊：《臨安縣唐水邱氏墓發掘報告》，《浙江省文物考古研究所學刊》，文物出版社，1981 年，頁 94～104。

〔註134〕溫州市文物處（王同軍）：《浙江樂清縣發現五代土坑墓》，《考古》1992 年第 8 期，頁 764～765、762。

〔註135〕杭州市考古所、臨安文物館：《浙江臨安五代吳越國康陵發掘簡報》，《文物》2002 年第 2 期，頁 4～34。

〔註136〕浙江省文物管理委員會：《杭州、臨安五代墓中德天文圖和秘色瓷》，《考古》1975 年第 3 期，頁 186～194。

圖 4-82　吳越康陵平、剖面圖

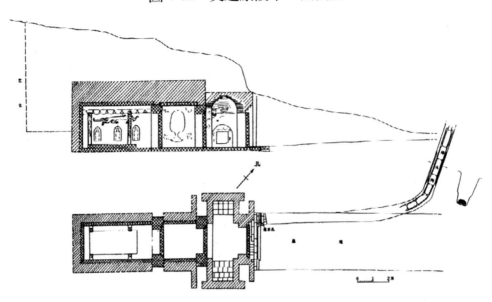

掘前已被農民從墓中取出。前室內壁原有彩色圖案，但壁畫受損嚴重，僅左
側及後端轉角上方殘留三組斗栱，後側門券上也繪有朱紅色纏枝牡丹花。兩
耳室三壁各繪一株紅色牡丹，高約 1.08 米，寬 0.83 米。中室平面呈正方形，
邊長 2.1 米，高 2.05 米。上下左右均以紅色砂石岩構築。前後壁各有門與前
室、後室連接。中室門石為紅色砂石岩，高 2.1 米，寬 1.75 米。正面雕有乳
釘狀門釘，背面較粗糙，留有鑿痕。左右兩壁均繪有彩色圖案，每壁兩上角
繪紅綠色雲氣紋，兩下角繪紅色火焰形圖案。兩壁中部繪盛開的牡丹，左壁
的牡丹高 1.73 米，寬 1.1 米，其上有花 26 朵；右壁牡丹高 1.8 米，寬 1.1 米，
其上有花 28 朵。花瓣均為紅色，花蕊用菱形金箔點綴，並以綠葉託襯。枝幹
近根部貼飾十餘枚圓形金箔，根以紅綠雲氣紋組成（圖 1-25）。室內放置青灰
岩石供桌一張。後室平面呈長方形，長 4.4 米，寬 2.05 米，高 2.55 米，上下
及四壁均為紅色砂石板構築。後室門亦為紅色砂石岩，高 2.2 米，寬 1.75
米。石門正反兩面均光潔平整，正對中室的一面繪成兩扇紅色木門，上部淺
刻柵欄，著以綠色。整扇門面裝飾六角形金箔門釘 92 顆，並用金箔貼成圓形
鋪首門環（圖 1-49）。左右壁及後壁上部雕刻並彩繪上下兩層寬帶狀牡丹圖
案，寬約 50 釐米。後室三壁及門背面中部淺浮雕四神及十二生肖人物象（圖
4-83、圖 4-84、圖 4-85）。頂部石板正中刻有一幅星象圖，內容為紫薇垣和二

十八宿，上有貼金裝飾（圖 4-86）。棺床位於後室正中，以整塊紅色砂岩製成，長 3.09 米，寬 1.44 米，高 0.21 米。四側面分別刻有三組壺門形圖案，並塗以朱紅色。棺床前後兩端立有上窄下寬的石枋，前兩柱高 1.8 米，後兩柱高 1.72

圖 4-83　吳越康陵後室全貌

圖 4-84　吳越康陵後室左壁、右壁、後壁彩繪雕刻

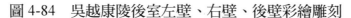

圖 4-85　吳越康陵後室墓
　　　　 門背後彩繪磚雕

圖 4-86　吳越康陵後室頂部天象圖
　　　　 摹本

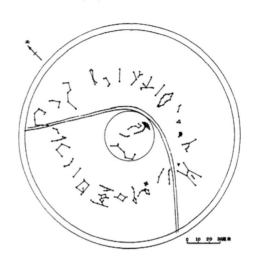

米，邊長 0.21 米。額枋呈拱形，長 1.9 米，兩端呈圓形卷雲狀。額枋兩面用金箔貼兩隻展翅飛翔的鳳凰，並以綠白兩色繪出雲彩（圖 4-87）。該墓出土的隨葬品包括秘色青瓷器、玉器、石雕、墓誌、銅器、鐵器等。該墓墓主為錢元瓘皇后馬氏。〔註 137〕

圖 4-87　吳越康陵後室棺床石枋

（1.前石枋正面；2.前石枋背面；3.後石枋正面）

〔註 137〕　「秋七月，遣左僕射何璲致祭於吳越國王。冬十二月辛巳，皇后馬氏殂。」
　　　　　　《十國春秋》卷五十八，頁 238。可知，馬氏為吳越皇后。

　　杭州 M27 錢元瓘墓（後晉天福六年，941）　土坑石槨墓，分前、中、後三室，前室兩側帶磚砌耳室（圖 4-88）。封門和門框爲大塊石灰岩。前室原施彩繪，但因淤土漫漶，內容不清。後室各壁有石刻雕刻，石刻可分爲三部分：四壁上沿雕刻寬帶狀牡丹花圖案，每組圖案由一大一小的牡丹花紋組成，上面著有顏色。大花心金色，花瓣紅色，葉石綠色；小花花瓣紅色，葉金色。四壁中部爲四神浮雕。四壁下部爲十二生肖神像，自北壁正中的「子」開始，順時針排列。東壁爲寅、卯、辰，南壁爲巳、午、未，西壁爲申、酉、戌，北壁爲亥、子、丑。每像各居一龕，雙手拱在胸前，十二生肖抱於懷中。後室頂部發現石刻天象圖，刻於蓋頂陰面正中，原頂板爲一紅色砂石岩，長 4.71米，寬 2.66 米。星象圖中小圓直徑 50 釐米，外緣次第刻三個同心圓，最大圓直徑 189.5 釐米。星象圖上有貼金裝飾，內容爲紫薇垣和二十八宿。石槨爲紅色砂礫岩，石槨外加築拱頂磚室。該墓的隨葬品有秘色青瓷器等。

圖 4-88　錢元瓘墓平面圖

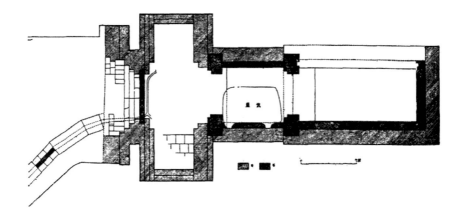

　　B 型　無壁畫和浮雕裝飾的三室墓，中室兩側各有一耳室。此類墓葬只有蘇州七子山一號墓。

　　蘇州七子山一號墓　地面上有封土，高 2.5 米。墓室全長 14.34 米，分前、中、後三室，中室兩側各附有一耳室（圖 4-89）。整個墓室均爲券頂。墓門爲拱形洞門，高 2 米，寬 2.33 米。前室平面呈長方形，長 3.65 米，寬 3.05 米，高 2.35 米。前室門爲木質，已腐朽。中室平面作長方形，長 4.75 米，寬 3.05米，高 2.35 米。中室爲拱形洞門，門爲木質。中室正中置有祭臺，臺面爲青砂石製成，方形，邊長 0.9 米，四角爲海棠形，臺上有一雙銅筷。左右兩耳室

亦爲拱形門，耳室長 1.46 米，寬 1.9 米。後室規模較大，平面長方形，東西
長 5.94 米，南北寬 2.48 米。前壁正中開一拱形石門，高 1.74 米，寬 0.87 米。
石門不能開啓，僅起封閉作用。左、右、後壁各有 3 個上寬下窄的楔形小龕。
左壁靠石門處有一大壁龕，似爲放置墓誌之用。後室中間靠後壁處，置一青
石棺床，現長 2.65 米，寬 1.13 米。隨葬品有秘色青瓷、陶俑、武器、金銀器、
玉器、銅器、鐵器等。其中男侍俑 5 件，女侍俑 3 件（圖 4-90）。

圖 4-89　蘇州七子墓平、剖面圖

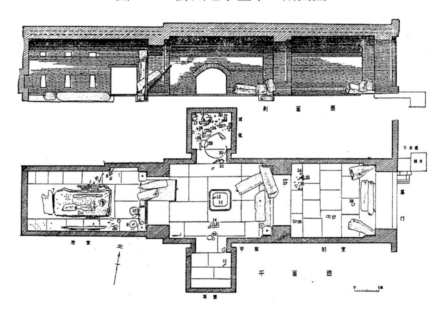

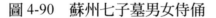

圖 4-90　蘇州七子墓男女侍俑

C 型　平面呈長方形的雙室壁畫墓，後室裝飾有四神和十二生肖人物浮雕。此種類型的墓葬有杭 M26 吳漢月墓、臨安 M20 錢元玩墓。

杭州 M26 吳漢月墓（後周廣順二年，952）　土坑石槨墓，分前、後兩室，其結構同錢元玩墓。前室原施彩繪，但因淤土漫漶，內容不清。後室裝飾同錢元瓘墓，各壁均有石刻雕刻，石刻可分為三部分：四壁上沿雕刻寬帶狀牡丹花圖案，每組圖案由一大一小的牡丹花紋組成，上面著有顏色。大花心金色，花瓣紅色，葉石綠色；小花花瓣紅色，葉金色。四壁中部為四神浮雕（圖4-91）。四壁下部為十二生肖神像，自北壁正中的「子」開始，順時針排列。東壁為寅、卯、辰，南壁為巳、午、未，西壁為申、酉、戌，北壁為亥、子、丑。每像各居一龕，雙手拱在胸前，十二生肖抱於懷中。後室蓋頂陰面中間偏後為石刻天象圖，中心小圓直徑 42.6 釐米，外緣次第刻三個同心圓，最大直徑為 180 釐米，內容為紫薇垣和二十八宿（圖 4-92）。石槨為紅色砂礫岩。該墓出土有白瓷和秘色青瓷器等。

圖 4-91　吳漢月墓四神雕刻拓本

（上：青龍；下：白虎）

圖 4-92　吳漢月墓天象圖

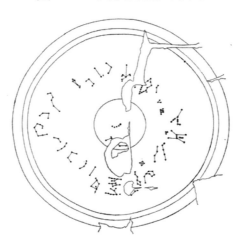

　　臨安 M20 錢元玩墓　土坑石槨墓，分前、後兩室，結構與吳漢月墓相同（圖 4-93）。墓葬彩繪及浮雕裝飾與吳漢月墓完全相同：前室原施彩繪，但因淤土漫漶，內容不清。後室各壁有石刻雕刻，石刻可分爲三部分：四壁上沿

圖 4-93　錢元玩墓平、剖面圖

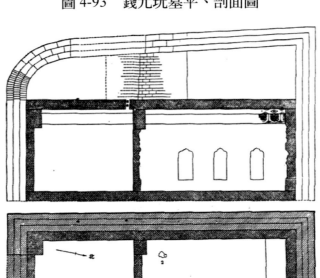

雕刻寬帶狀牡丹花圖案，每組圖案由一大一小的牡丹花紋組成，上面著有顏色。大花心金色，花瓣紅色，葉石綠色；小花花瓣紅色，葉金色。四壁中部為四神浮雕。四壁下部為十二生肖神像，自北壁正中的「子」開始，順時針排列。東壁為寅、卯、辰，南壁為巳、午、未，西壁為申、酉、戌，北壁為亥、子、丑。每像各居一龕，雙手拱在胸前，十二生肖抱於懷中。石槨為紅色砂礫岩，石槨外加築拱頂磚室。該墓出土有秘色青瓷器等。另據《臨安縣志》，墓主錢元玩為錢鏐第十九子，生前於淨土寺修禪，法號普光大師。圓寂後，即葬，墓前建塔墓，號普光塔，有墓主人的石雕遺像。

D 型　後室平面呈船形、多耳室的雙室墓，此類墓葬包括浙江臨安晚唐 M23 錢寬墓、臨安 M24 水邱氏墓、浙江臨安板橋 M21 五代墓、臨安 M22 吳越墓、杭州三臺山 M32 五代墓。

浙江臨安晚唐 M23 錢寬墓（唐光化三年，900）　該墓地上有封土，東西徑 45 米、南北徑 130 米。墓道未挖，情況不詳。墓室結構保存完整，係長方形多耳室券拱頂磚室墓，與臨安 M21、M22 基本相同。方向南偏東 20°，全長 6.78 米。分前後墓室，之間有短過道。前室南端有短甬道，甬道口有封門，封門外有一堵封門牆（圖 4-94）。甬道長 0.52 米，寬 1.5 米，高 1.72 米。甬道上原裝有木門。前室略呈方形，南北長 1.3 米，東西寬 1.86 米。穹頂，內高 1.94～2.26 米。前室南端偏西處有圓形石臺，高 60 釐米，上徑 21.5 釐米，下徑 25 釐米，下部呈八棱形。東西兩壁各有一耳室。前、後室之間有過道，長 0.5 米，寬 1.44 米，高 1.72 米，原裝有木門。後室略呈船形，兩壁向尾部收弧，長 3.84 米，寬 1.40～1.90 米。頂蓋略呈半橢圓狀，內高 1.5 米～2.22 米。東西兩壁分別有大小不同的耳室和壁龕各兩個。後壁有大小不等的壁龕 3 個。後室設棺床，方磚鋪成，高 10～15 釐米。棺床上偏西有棺木朽痕，長 2.45 米，寬 0.60 米～0.65 米。墓室磚表面抹石灰，厚度不到 1 釐米，可見前後室原均施彩繪。前室兩壁耳室之上繪葉綠心紅的花各一盆，花形似牡丹，用勾線填塗法繪製。穹頂有彩繪圖案，繪半徑不等的圓三重，中心小圓內繪金色圓點二十八個，襯以綠底；其外繪八角形，每隻角外繪花葉組成的「文」字樣。後室兩壁的耳室和壁龕周圍都施紅綠相間的寬帶狀彩繪，局部已漫漶脫落。頂部繪天文圖一幅，內容為二十八宿和北斗，其上有群星上有貼金裝飾，其間用土紅色線條連接（圖 4-95）。該墓出土的陪葬品有白瓷、青瓷、銅器、鐵器、銀器、木器以及墓誌一方。

圖 4-94　錢寬墓平面圖

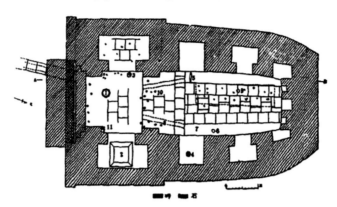

圖 4-95　錢寬墓後室天象圖

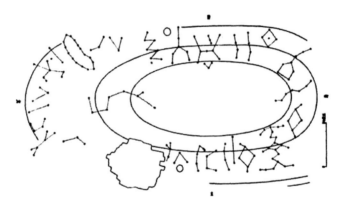

臨安 M24 水邱氏墓（唐天復元年，901）　該墓在臨 M23 即錢寬墓的東側，兩墓相距僅 6 米，且埋於同一封土中。此墓保存完整，爲券頂磚室墓，與錢寬墓基本相同。後室頂部的石灰層表面繪有星象圖一幅。根據出土的墓誌，斷定墓主人是錢寬的夫人水邱氏。

浙江臨安板橋 M21 五代墓　方向北偏西 1°。墓室保存完好，雙層磚砌築，係多耳室豎穴券頂磚室墓。墓葬分爲前、後兩室，全長 6.16 米，高 1.57 ～1.94 米。前室南端有短甬道，長 36 釐米。甬道口用磚封堵，原裝有木門。前室呈長方形，長 1.8 米，寬 1.58 米，內高 1.94 米。穹隆頂，內頂中心圓形暗窗內置一圓形銅鏡。東西兩壁各有一耳室（圖 4-96）。墓室中部有一高 70 釐米的磚臺，其上置一青瓷洗。四壁及磚臺殘留石灰，並有朱色線條，推測前室原有彩繪。前後室之間有過道，長 38 釐米，原裝有木門。後室略呈船

圖 4-96　浙江臨安板橋五代墓平面圖

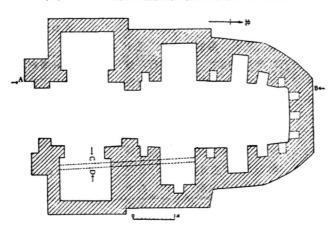

形，長 3.62 米，寬 1.38～1.6 米，內高 1.6 米。拱券頂，內頂長方形暗窗內置
一方形銅鏡。東西兩壁分別有大小不等的耳室、壺門和壁龕各兩個。後室的
棺槨爲木製。該墓隨葬品有秘色青瓷器、銀器、銅器及墓誌一方。報告推測
墓主人爲「吳隨□」，可能是吳越前兩代吳姓王妃的親屬。

　　臨安 M22 吳越墓　土坑磚室墓。上砌磚券拱頂，下以方磚鋪地。墓葬分
爲前、後兩室。前室之前有甬道，石板封門，外加厚固磚牆。前室大體呈方
形，穹隆頂，左右壁各有一個耳室。前後兩室間有過道。後室兩壁斜向內收，
平面近船形，拱頂，左右兩壁各有兩個大小不等的耳室。後室中部設棺床，
有方形腰坑。室間無門，兩室相通（圖 4-97）。報告推測墓主人應爲吳越國某
一寵臣或錢氏家族成員。

圖 4-97　臨安 M22 墓平面圖

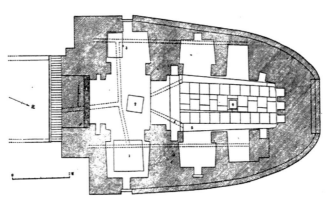

　　杭州三臺山 M32 五代墓　　方向 63°。墓室全長 4.95 米，包括甬道、前
室、過道、後室四部分（圖 4-98）。甬道長 38 釐米，寬 98 釐米，原裝設有木
門。前室平面呈長方形，穹隆頂。東西長 1.1 米，南北寬 1.28 米，殘高 1.62
米。南北兩壁各有一耳室。後室平面呈船形，夯頂，墓頂似覆船形，長 3.47
米，寬 1.15～0.47 米，高 1.3～1.02 米。墓壁設有安裝木門的小孔、耳室、壁
龕和壺門。後室中部設棺床，高 5 釐米。棺床下有小坑。隨葬品有陶器、秘
色青瓷器及墓誌一方等。可惜墓誌風化嚴重，字迹全無。報告推測，墓主人
可能是吳越國某一貴族的寵臣或錢氏家族成員。

圖 4-98　杭州三臺山五代墓平、剖面圖

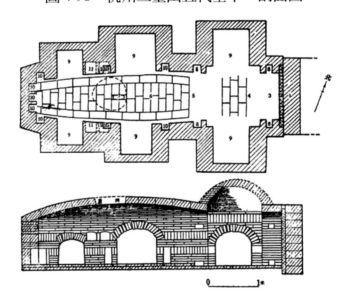

　　E 型　豎穴土坑墓，此類墓葬有浙江樂清縣五代墓。

　　浙江樂清縣五代墓　　共三座，分別爲 M1、M2、M3，平面均呈長方形。其
中 M1 方向爲 180°，長 2.2 米，寬 0.9 米；M2 方向爲 180°，長 2.4 米，寬 1
米；M3 方向爲 342°，長 2.8 米，寬 1 米。隨葬品有瓷器、陶器和銅鐵器。

　　樂清縣五代墓屬平民墓葬，未有明確紀年，且無相關墓葬進行比較，無
法判斷其所屬的時間，因此暫時不予討論。總體看來，吳越墓葬大致可分爲
三期：

　　第一期：吳越早期，從唐乾寧三年（896）錢鏐據有兩浙地區至後唐同光
元年（923）吳越國的建立。這時期的墓葬爲 C 型，其中錢寬墓及其夫人水邱

氏墓有明確紀年，據此可判定，無明確紀年的其他 C 型墓也當屬於吳越早期。
這些墓葬的後室呈船形，帶有很強的地方特色。

錢寬墓及其夫人水邱氏墓室中均有彩繪，此做法應承自唐代壁畫墓的傳
統。此外，錢寬墓前室兩壁耳室之上繪有花卉一盆，這種盆花的形式不見於
唐、五代壁畫墓，而是較多出現在較晚的遼代墓葬中，如宣化遼代 M10 張匡
正墓（大安九年，1093）後室北壁門樓兩側繪有二個藍色大花缸，缸內爲盛
開的大朵牡丹（圖 4-99）。M1 張世卿墓（天慶六年，1116）前、後室四壁上
方均繪製的瓶花（圖 4-100）。〔註 138〕可見，該墓中的盆花可看作五代花鳥畫
的新樣式。

圖 4-99　宣化遼 M10 後室北壁壁畫局部

圖 4-100　宣化 M1 後室北壁壁畫

〔註 138〕河北省文物研究所：《宣化遼墓》（上），文物出版社，2001 年，頁 38。

第二期：吳越中期，同光元年（923）錢鏐建立吳越國至後漢天福十二年（947）錢弘佐卒。這時期的墓葬為 A 型和 B 型。其中蘇州七子山一號墓無明確紀年，但其墓葬的形制規模與 A 型相似，因此其年代也應與之相近，該墓的主人可能是當時的某一貴族，其規模明顯小於錢元瓘墓與康陵。錢元瓘墓與康陵的形制及圖像的配置均與前期不同，它們體現了吳越國較為完備的陵墓制度。

首先，從墓葬形制上看，兩墓均為三室，前室兩側各有一耳室。這種形式應是對前期形制的改造，即在原有的規模上增加一室，將後室的船形改為長方形，並摒棄後室的耳室。三室的形制與前蜀王建墓、南唐二陵相似。至於該形制的來源，似可看作對唐代帝陵制度的延續。唐代帝陵的地宮多未發掘，唯一發掘的唐僖宗靖陵（888）結構較為簡陋，由階梯羨道、拱頂甬道和橫拱頂土洞墓室組成，全長 44.7 米〔註 139〕。靖陵建於唐代行將滅亡之際，規模上還不及盛唐的大臣墓，尚不能代表唐代的陵寢制度。但目前已發掘的懿德太子墓〔註 140〕、永泰公主墓〔註 141〕均「號墓為陵」，墓室為前、後兩室，由此推測，唐代帝陵應是高於此規格的三室結構。

其次，墓室均裝飾有壁畫、浮雕，其中後室的圖像組合呈現一種固定的模式：四壁上沿雕刻寬帶狀牡丹花圖案，中部刻為四神浮雕，下層為十二生肖人物象，室頂的石板正中刻星象圖，內容為紫薇垣和二十八宿，其上有貼金裝飾。十二生肖、青龍、白虎、天象圖的組合見於唐代冉仁才夫婦墓，所不同的是，該墓中的青龍白虎繪於甬道東西兩壁，十二生肖位於墓室東、西兩壁的十二個壁龕中。在墓室中開小龕放置十二生肖的做法還常見於唐代關中及中原的一些沒有壁畫的唐墓〔註 142〕。五代王處直墓前室四壁上方也鑿有十二個壁龕以安置十二生肖浮雕〔註 143〕，相比之下，錢元瓘墓與康陵更為整嚴，似可將此看作規制化的結果。

第三期：後漢天福十二年（947）錢弘佐弟錢弘倧繼位至北宋太平興國三

〔註 139〕陳安利：《唐十八陵》，中國青年出版社，2001 年，頁 125～130。

〔註 140〕陝西省博物館、乾縣文物局唐墓發掘組：《唐懿德太子墓發掘簡報》，《文物》1972 年第 7 期，頁 26～31。

〔註 141〕陝西省文物管理委員會：《唐永泰公主墓發掘簡報》，《文物》1964 年第 1 期，頁 71～94、39。

〔註 142〕李星明：《唐代墓室壁畫研究》，陝西人民美術出版社，2005 年，頁 124。

〔註 143〕《五代王處直墓》，頁 31～32。

年（978）吳越國滅亡。這一時期的墓葬包括 B 型的錢元瓘的王妃武漢月墓和臨安 M20 錢鏐的第十九子錢元玩墓。兩座墓葬後室的圖像佈局延續了錢元瓘墓和康陵的做法，但墓室的規模縮小爲兩室。

由此引發的問題是，吳越王室墓葬發生變化的原因是什麼？對此，筆者將主要從當時的歷史背景中尋找線索。錢鏐雖於唐乾寧三年（896）據有兩浙地區，但直至同光元年（923），才被中原政權冊封爲吳越國王，其「儀衛名稱多如天子之制，謂所居曰宮殿，府署曰朝廷，教令下統內曰制敕，將吏皆稱臣，惟不改元，表疏稱吳越國而不言軍」〔註144〕。隨著吳越國的建立，各項禮儀制度也逐漸完備，墓葬制度也必然成爲重要的組成部分。錢寬及其夫人水邱氏墓分別建於 900 年和 901 年，時間在建國之前，因此未能按照吳越國的陵墓制度來建造，而是更多的體現出當時的地方特色。

吳越中期，王室政權較爲穩定。錢鏐具有建國之功，在臣民中的威望自不待言。後唐長興三年（932），錢鏐卒，錢元瓘作爲錢鏐指定的繼承人順利登上王位。他「善撫將士，好儒學，善爲詩，使其國相沈崧置擇能院，選吳中文士錄用之」〔註145〕，因此，其在位期間也受到眾大臣的擁戴。天福六年（941）七月，錢元瓘卒，其子錢弘佐繼位，年僅十三歲。由於當時錢元瓘的餘威尚在，因此新主雖幼，但卻受到眾大臣的支持和保護，政局較爲穩定。〔註146〕上述的政治背景無疑爲吳越國陵墓制度的完善與實施提供了必要的條件。此外，《新五代史》載，錢元瓘「性尤奢僭，好治宮室」〔註147〕，其個人喜好可能在一定程度上影響了王室墓葬的面貌。這一階段的錢元瓘墓和康陵的墓葬形制統一，壁畫或浮雕佈局嚴整，應是吳越國陵墓制度的充分體現。

錢弘倧是繼錢弘佐之後的又一代吳越國王，但他繼位不久便被廢。此後被擁立的錢俶亦無實權，吳越王室自此衰落〔註148〕。這一時期的吳漢月墓和錢元玩墓後室保留了中期的圖像配置方式，但整體規模明顯縮小，由原來的三室變爲兩室，這種變化正是當時政治背景使然。

值得注意的是，吳漢月墓和錢元玩墓的形制並不盡相同，後者只有前後

〔註144〕 《資治通鑑》卷二百七十二，頁 8880。
〔註145〕 《新五代史·吳越世家第七》卷六十七，頁 841。
〔註146〕 孫先文：《吳越錢氏政權研究》，安徽大學碩士論文，2004 年，頁 22～25。
〔註147〕 《新五代史·吳越世家第七》卷六十七，頁 841。
〔註148〕 《新五代史·吳越世家第七》卷六十七，頁 842～843。

兩室而無耳室。原因可能有二：一，兩人身份的差別。錢元玩雖爲皇室成員，但身份等級應低於后妃。二，錢元玩擁有皇室成員和普光大師兩重身份，其墓葬的建造可看作是佛教與世俗的一種融合：一方面，按照佛教的安葬方式在墓前建塔；另一方面，地宮又參照了吳越陵墓的模式。

在討論了吳越墓葬制度的發展變化及原因之後，還有必要對其中重要的圖像進行解釋。首先是中、晚期墓葬後室的十二生肖、四神及天象圖的組合，它們作爲陵墓制度的重要組成部分具有深刻的含義。

十二生肖在墓葬中的主要功能是標識方位、辟邪攘福〔註149〕。中、晚唐時期，十二生肖俑在墓中盛行，並成爲當時法定的官員獨享之明器，庶民無權使用。《唐會要》對此有明確說明：

> （元和）六年十二月，條流文武官及庶人喪葬：三品以上，明
> 器九十事，四神、十二時在內，……五品以上，明器六十事，四
> 神、十二時在內，……九品以上，明器四十事，四神十二時在內，
> ……庶人明器十五事，……輓歌、鐸、翣、四神、十二時各議請不
> 置……」〔註150〕。

在墓室中開小龕放置十二生肖的做法常見於唐代關中及中原的一些沒有壁畫的墓葬〔註151〕，吳越墓葬中的十二生肖顯然繼承了這一傳統做法。五代其他政權的一些墓葬中也設有十二生肖，如王處直墓（924）〔註152〕、閩國劉華墓（930）〔註153〕、南唐李昇墓（943）〔註154〕等，但這些墓葬中的十二生肖均單獨出現或與天象圖組合，並無固定的搭配模式。

四神在中國有著相當長的發展歷程，根據李星明的研究，四神在唐代已具有多重含義：(1)代表天文學中四個赤道宮和東、西、南、北四方；(2)表示四時的循環往復；(3)陰陽五行的表徵；(4)作爲周天四宮之像是神聖品格

〔註149〕 Judy ChungwaHo, "The Twelve Calendrical Animal in Tang Tombs", in *Ancient Mortuary Traditions of China: Papers on Chinese Ceram is Funerary Sculptures*, ed. by George Kuwayam, Los Angeles County Museum of Art, 1991, pp62～83.

〔註150〕 《唐會要‧葬》卷三十八，上海古籍出版社，1991年，頁813～814。

〔註151〕 李星明：《唐代墓室壁畫研究》，陝西人民美術出版社，2005年，頁124。

〔註152〕 河北省文物研究所、保定市文物管理處：《五代王處直墓》，文物出版社，1998年，頁31～32。

〔註153〕 福建省博物館：《五代閩國劉華墓發掘報告》，《文物》1975年第1期，頁62～73。

〔註154〕 南京博物館：《南唐二陵》，文物出版社，1957年。

和特權的象徵；(5)死者升居天國的引導者和護衛者，具有驅邪鎮鬼、厭除不祥的功能；(6)用以比擬理想的風水環境。〔註155〕吳越墓葬中的四神應兼具上述幾種功能。

　　錢元瓘墓、康陵、吳漢月墓的石刻星象圖基本一致，它們加工細緻，星象的位置相對準確。根據伊世同的研究，錢元瓘墓中的星象圖應是在北緯 37°的位置觀測的結果，且根據天樞星出現的時間及其與天球北極星的位置關係，結合當時的天文觀測活動，推測該星象圖之原圖的觀測年代大致在開元年間（713～741）〔註156〕。圖上有貼金裝飾的做法應意在模仿群星閃耀的景象。錢寬墓和水邱氏墓中繪有星象圖，與錢元瓘墓中的天象圖有著共同的來源——一幅唐代早期的天文圖或摹本〔註157〕，但它的外形呈橢圓形，是傳統天文圖中的幾個特定緯度圈在橢圓墓室中的變形，原來蓋天圖中幾個同心圓的天文坐標關係，已被裝飾意味所代替〔註158〕，與寫實的星象圖明顯不同。此外，同時期其他政權的墓葬中也多有星象圖，如王處直墓前室頂部、李昇陵後室頂部均有彩繪星象圖，但準確度均不高。相比之下，錢元瓘墓、康陵、吳漢月墓的石刻星象圖可稱爲眞正意義上的天文圖。天文圖作爲縮微的宇宙具有標識時空的作用，此外，古人創立天文圖的目的還在於尋找宇宙萬物的和諧，如《新唐書》記載：

　　　　原古人所以步圭影之意，將以節宣和氣，輔相物宜，不在於辰
　　次之周徑。其所以重曆數之意，將欲恭授人時，欽若乾象，不在於
　　渾蓋之是非〔註159〕。

吳越墓葬中極爲寫實的天象圖更是以一種精密的方式演繹著乾坤宇宙的運行，以實現「節宣和氣，輔相物宜」。再結合十二生肖與四神的特殊含義，可知，三者的組合構成了基本宇宙時空的模型，是古代「蓋天說」的延續，代

〔註155〕 李星明：《唐代墓室壁畫研究》，陝西人民美術出版社 2005 年，頁 194。

〔註156〕 伊世同還發現，杭州的地理緯度爲 30°，那麼該星象圖所依據的原圖並非在杭州所測。但當時在北緯 37°這一線上並未設立重要的觀測點，而北緯 34°～35°的開封、洛陽、西安一帶卻是重要的觀測地點，這一矛盾有待於進一步研究。伊世同：《最古的石刻星圖——杭州吳越墓石刻星圖評介》，《考古》1975年第 3 期。

〔註157〕 伊世同：《臨安晚唐錢寬墓天文圖簡析》，《文物》1979 年第 12 期。

〔註158〕 浙江省博物館、杭州市文管會：《浙江臨安晚唐錢寬墓出土天文圖及「官」字款白瓷》，《文物》1979 年第 12 期，頁 18～23。

〔註159〕 《新唐書》卷三十一《天文志》一，中華書局 1975 年，頁 805。

表著宇宙的時序。而被天象圖、十二生肖、四神所環繞的墓主正好位於宇宙的中心，象徵著他們尊貴的地位。同時，十二生肖與四神均具有厭勝辟邪之功能，意在保護墓主在死後世界的安全。

此外，康陵中室及耳室壁面均繪大株牡丹，錢元瓘墓、吳漢月墓、錢元玩墓前室原有彩繪，但已漫漶不清，但根據康陵的壁畫內容，推測這三座墓可能也會有牡丹圖。康陵的牡丹圖與河北曲陽王處直墓前室的花鳥畫在構圖上基本一致，但造型更為誇張，極具裝飾性，且一株牡丹佔據整個壁面的做法尚屬首例。畫家將單棵花株塑造成高聳挺拔的花樹，葉片重重疊疊，花頭數量大大增加，碩大的花頭遍佈花樹，並注意花頭的朝向，大有繁花似錦之勢。根據文獻記載，花朵繁多的牡丹備受時人推崇。

> 慈恩浴堂院有花兩叢，每開及五六百朵，繁豔芬馥，近少倫比。……僧乃自開一房，其間施設幡像，有板壁遮以舊幕。幕下啟關而入，至一院，有小堂兩間，頗甚華潔，軒廡欄檻皆是柏材。有殷紅牡丹一窠，婆娑幾及千朵，初旭才照，露華半晞，濃姿半開，炫耀心目。朝士驚賞留戀，及暮而去。〔註160〕

更有意思的是，花朵的多少還與花卉的價格有關〔註161〕，如白居易詩中所云：「貴賤無常價，酬直看花數。」〔註162〕可見，康陵中的大株牡丹，應是一種財富的象徵。此外，牡丹有著富貴之氣，康陵中的牡丹花蕊用菱形金箔點綴，枝幹近根部貼飾十餘枚圓形金箔，更增加了其華貴的效果。根據羅世平的研究，牡丹還隱藏著一層特殊的含義，即傳達「子孫富貴，家族榮昌」的祈福目的〔註163〕。可見，此時墓葬中繪製的牡丹不僅用於裝點墓室，更是財富和富貴的象徵，同時還可為子孫祈福。

綜上所述，吳越國的陵墓制度繼承了唐代的某些傳統，但在墓葬形制、佈局及裝飾形式上又體現出明顯的獨特性，其發展變化與當時的政治背景密切相關，在一定程度上可看作吳越國發展的縮影。與同時期其他政權墓葬相

〔註160〕唐·康駢：《劇談錄》卷下「慈恩寺牡丹」條，《文津閣四庫全書·子部·小說家類》（347），商務印書館1983年，頁163。

〔註161〕劉婕：《唐代花鳥畫研究》，頁235～236。

〔註162〕唐·白居易：《秦中吟十首·買花》，《全唐詩》卷四百二十五，中華書局，1960年，頁4676。

〔註163〕羅世平：《觀王公淑墓壁畫〈牡丹蘆雁圖〉小記》，《文物》1996年第8期，頁78～83。

比，吳越墓葬材料更加豐富，並呈現出一定的發展規律，爲我們研究吳越乃
至五代的墓葬制度提供了重要的依據。

（四）閩國

目前發掘的閩國墓葬共有 8 座，主要分佈在福建地區，主要有：1956 年
發掘的泉州五代墓〔註 164〕、1965 年發掘的劉華墓〔註 165〕、1975 年發掘的福
州洪塘金雞山五代閩國墓葬〔註 166〕、福州外蘭尾山王紹仙墓〔註 167〕、1979
年發掘的福建永春發現五代墓〔註 168〕、1981 年發掘的唐末五代閩王王審知夫
婦墓〔註 169〕、1996 年發掘的武夷山市城村後山五代墓〔註 170〕、2003 年發掘
的泉州北峰五代王福墓〔註 171〕、赤水五代墓〔註 172〕。根據墓葬形制及材質，
可將這些墓葬分爲兩類。

A 型　雙室墓，根據墓葬的材料有課分爲兩個亞型。

A1 型　雙室石墓，一座封土中有兩座墓，此類墓葬只有劉華墓。

劉華墓（後唐長興元年，930）　此墓地有兩個墓室並列，劉華墓居左，
右室早已被盜。整個墓葬的形制不明。劉華墓位於東室山西南的坡地上，依
山勢闢成階梯狀的平臺，共有五個臺地。上窄下寬，墓後呈圓弧狀，整個平
面如鐘形，面積約 1600 平方米。第一層臺地爲凸字形，深 6 米，寬 46 米，
正中突出一寬 15、深 10 米的長方形臺可能是墓前附屬建築遺址。第二層臺地
高於第一層 0.8 米，深 19 米，寬 36 米，臺前正中有一馬蹄形土阜，可能也是

〔註 164〕吳文良：《泉州發現的五代磚墓》，《考古通訊》1958 年第 1 期，頁 66～68。
〔註 165〕福建省博物館：《五代閩國劉華墓發掘報告》，《文物》1975 年第 1 期，頁 62
～73。
〔註 166〕曾凡：《福州洪塘金雞山古墓葬》，《考古》1992 年第 10 期，頁 900～908、
899。
〔註 167〕林桂枝：《福建福州外蘭尾山五代墓葬簡報》，《南方文物》2010 年第 3 期，
頁 62～64。
〔註 168〕晉江地區文管會、永春縣文化館：《福建永春發現五代墓葬》，《文物》1980
年第 8 期，頁 52～54。
〔註 169〕福建省博物館、福州市文物管理委員會：《唐末五代閩王王審知夫婦墓清理簡
報》，《文物》1991 年第 5 期，頁 1～10。
〔註 170〕福建閩越王城博物館：《武夷山市城村後山五代墓》，《福建文博》2011 年第 1
期，頁 38～43。
〔註 171〕泉州市文物保護研究中心：《泉州北峰五代王福墓》，《福建文博》2005 年第 3
期，頁 36～43。
〔註 172〕漳浦縣博物館：《漳浦唐五代墓》，《福建文博》2001 年第 1 期，頁 40～45。

墓的附屬建築之遺址。第三層臺地高於第二層約 3 米，深 5 米，寬 31 米。第四層臺地高於第三層約 2 米，深 4 米，寬 30 米。三、四層臺地兩側有階梯的遺迹。最後一層臺地高於第四層 2 米，平面呈半圓形，中深 17 米，面寬 28米，是墓室所在，兩冢並列，墓向南偏西 15°（圖 4-101）。兩冢封土為長方形，長 10 米，前寬 4 米，高 3.5 米。劉華墓由墓道、前、後墓室和過道組成。墓道長 3.9 米，寬 2.5 米。墓室由花崗岩疊砌而成，拱圓頂，分前後兩室，全長 8.4 米，平面呈長方形（圖 4-102）。前室平面近正方形，寬 2.5 米，深 2米，高 2.75 米。後室平面呈長方形，寬 2.5 米，深 5 米，高 2.9 米，墓後壁正中闢一長方形龕，是安放墓誌銘的地方。棺床位於後室，長 4.5 米，寬 2 米，高 0.15 米。棺床正中有一長方形「腰坑」。右邊的墓室結構大小與劉華墓同，可能是王延鈞另一妻妾。但也有學者認為右墓室的墓主應為王延鈞，因此該墓亦屬王陵〔註 173〕。劉華墓的隨葬品有泥塑、石雕、陶瓷器、銅鐵器及墓誌等。泥塑包括陶俑 43 件、陶墓獸 4 件。陶俑中大型俑六件，高 99～103 釐米，均為女俑，位於前室（圖 4-103）；中型俑 12 件，高 59～61.5 釐米，全為男俑，位於後室；小型俑 25 件，高 47～51.5 釐米，多數為男俑，大部分位於後室，前室僅有兩件男俑。陶俑的製法是頭、身及細部分別捏塑製成粗坯，糊合在一起，再經細雕入窯烘燒，烘燒後加彩繪，大部分已脫落。一般面部

圖 4-101　劉華墓平面圖

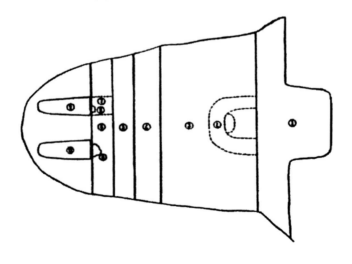

〔註 173〕崔世平：《五代閩國劉華墓再探討》，《東南文化》2010 年第 4 期，頁 73～78。

圖 4-102　劉華墓墓室平、剖面圖

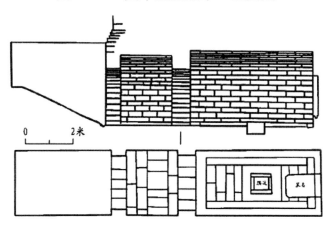

圖 4-103　劉華墓陶俑

塗白粉，底加黑彩或貼金，邊緣加綠彩，髮髻塗黑。陶俑均為空心。陶墓獸包括龍 1 件，虎 1 件，雀 1 件，龜 1 件。此外還有豬 1 件。石雕包括「孤魂」臺 1 座，覆蓮座 3 件。

A2 型　雙室磚墓，此類墓葬只有泉州北峰五代王福墓。

泉州北峰五代王福墓（後梁乾化三年，913）　整個墓葬壁沿橢圓向上收縮，最後在頂部縮成一排整齊的磚角。墓葬分為前、後兩室，構造相同，兩室間由一扇拱門相連（圖 4-104）。墓室長約 3 米，寬 1.6 米，室內最高處約 1.5 米。墓室正面是一個向上凸的半圓面，墓室底部被淤泥整齊地覆蓋，繞墓

圖 4-104　泉州北峰五代王福墓平面圖

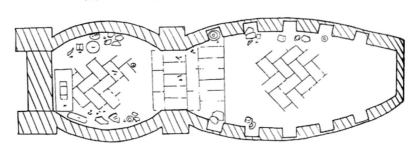

室底部處設有 10 個規格相似的壁龕。沿壁龕往上約 30 釐米的位置有一圈磚砌的窗戶。前室隨葬一些器具，後室擺放棺木。根據出土的墓誌，墓主人可能是後唐的王福，時任刑部尚書、御史大夫之職，並被授予銀青光祿大夫。

　　B 型　單室石墓，一座封土中有兩座墓，此類墓葬只有唐末五代閩王王審知夫婦墓。

　　閩王王審知夫婦墓（後唐長興三年，932）〔註 174〕　該墓鑿山爲陵，陵山覆斗狀。墓葬坐北朝南，由墓室和斜坡墓道組成。墓道長 8.8 米，寬 2.25 米。墓室用花崗岩石條砌築，平面略呈長方形（圖 4-105）。東墓室（王審知

圖 4-105　王審知夫婦墓平面圖

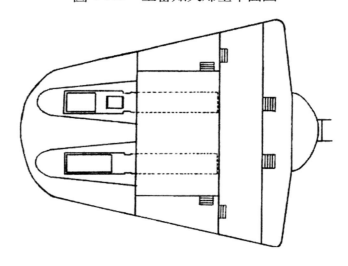

〔註 174〕該墓爲遷葬墓。王審知與後唐同光三年（925）十二月卒於福州，翌年三月葬
　　　　於福州西郊的鳳池山，與妻任氏墓毗鄰。後唐長興三年（932），王審知次子、
　　　　閩國第三代主王延鈞，以父母墳墓所在山崗風水不利國運爲由，將王審知夫
　　　　婦靈柩遷葬福州北郊蓮花峰南麓。

墓）全長 7.96 米，有雙重封門，第一重高 2.5 米，寬 2.3 米，進深 0.68 米，第二重封門高 2.34 米，寬 2.08 米，進深 0.78 米，均爲券頂。墓室長 6.5 米，寬 2.6 米，高 2.96 米。棺床位於墓室正中，高 0.14 米。棺床前方有一長方形凹槽，長 1.66 米，寬 1.4 米，深 0.38 米，內置墓誌（圖 4-106）。西墓室（王審知妻任氏墓）全長 7.76 米。整體結構與東墓室基本相同，不同之處在於棺床前無長方形凹槽，墓誌立於墓室後壁。墓室長 6.46 米，寬 2.44 米，高 2.93 米。棺床平面呈長方形，長 4.68 米，寬 2.04 米，高 0.14 米（圖 4-107）。隨葬品有青瓷、白瓷、玻璃器、鐵器及墓誌等。

圖 4-106　東墓室平面圖

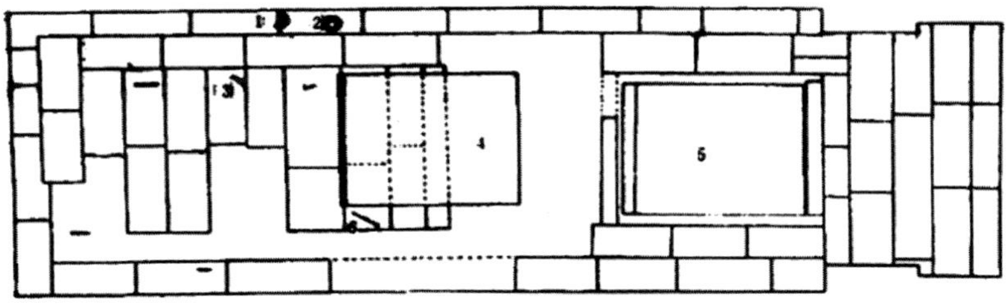

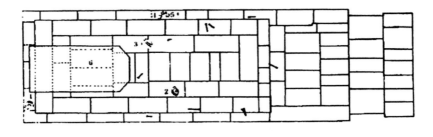

圖 4-107　西墓室平面圖

　　C 型　單室磚墓，此類墓葬有福建永春五代墓和福州外蘭尾山王紹仙墓。

　　福建永春五代墓　墓頂封土殘留 1.5 米。方向 165°，是一座長方形單室起券磚室墓，墓室長 3.9、寬 1.39、高 1.4 米，墓室平於墓門，墓室後壁有一龕，呈「凸」字形，龕內置燈盞。墓室正中爲棺床，長 2.1 米，寬 1 米，高於一層磚。棺木已朽。棺床中部有三個腰坑，放置鎮墓俑和跪拜俑。其餘隨葬品置於墓室四周。該墓出土隨葬品共 155 件。其中陶俑 76 件，包括：文官俑 12 件，武士俑 12 件，侍從俑 12 件，此三種互相搭配，三件爲伍，共十二組，

分置墓室四周。俑用高嶺土模製，後背平直，胎呈灰白色，上黃彩作底，眉、眼、須描墨，臉部、服飾點綴有金、紅顏色，皆已脫落。此外還包括跪拜俑 1 件，女立俑 1 件，坐俑 1 件，人首獸身俑 2 件，女俑 1 件，立俑 25 件，動物類 8 件，鎮墓獸 1 件。墓俑對稱排列，應屬一種組合形式，同屬儀衛，各有自己的身份和職責。該墓還出土了陶瓷器、銅錢等。墓主人的身份不詳，但根據隨葬品，其身份應非一般平民。

　　福建福州外蘭尾山王紹仙墓（通文三年，938）　墓葬形制爲長方形，單室墓。墓室後部殘存一段，墓室高約 1.30 米，寬 0.8 米，殘長 1.20 米，方向南偏東 20 度。後壁正中設壁龕，高 0.38 米，寬 0.14 米。內置陶俑 2 件，龕外緊貼一塊長方形墓誌銘立石。靠後部的兩壁各有一龕，內置陶俑 3 件。墓底兩壁及後壁有一條溝槽，槽內站著一列陶俑，背後靠壁。墓中隨葬器物，共 32 件，絕大多數器物均已殘破。其中完整及可復原的陶俑 20 件，包括武士俑 1 件、三角冠侍俑 6 件、「王」字冠侍俑 3 件、女侍俑 3 件、戴冠侍俑 2 件、襆頭帽侍俑 1 件、戴風帽侍俑 2 件、雙層冠侍俑 1 件、雙角冠 1 件（圖4-108）。並出土墓誌銘一塊。

圖 4-108　福建福州外蘭尾山王紹仙墓出土的陶俑

D 型　土坑墓，此類墓葬包括武夷山市城村後山五代墓、泉州五代磚墓、福州洪塘金雞山五代墓、赤水五代墓。

武夷山市城村後山五代墓　帶耳室的豎穴土坑，坐南朝北，方向 100°。由墓室、兩側耳室及西壁二個壁龕和後壁頭龕組成。墓葬平面呈長方形，墓坑西壁較直，東、北壁收分較大，墓底面略向前部（北）傾斜（圖 4-109）。上口長 3.8 米，寬 1.1 米，深 1.9 米，底部長 3.7 米，寬 0.98 米。墓室兩側中部對稱掏挖耳室各一個，西壁挖小龕二個、後壁頭龕一個。耳室立面呈長方形，東耳室底部高於墓底 0.3 米，進深 0.45 米，寬 0.75 米，高 0.5 米，擺放器物共 9 件，包括執壺、蓋盒、罈、碗和小罐。西耳室底部高於墓底 0.3 米，進深 0.4 米，寬 0.6 米，高 0.5 米，擺放器物共 8 件，包括罈、碗、碟、盤和小罐。西壁二個小龕位於耳室之南。進深 0.3 米，寬 0.26、0.38 米，高 0.36、0.34 米，擺放器物各 1 件，為盤口壺、蓋盆。後壁頭龕位於南壁中部，進深 0.45 米，寬 0.76 米，高 0.56 米，擺放器物共 6 件，包括鐵釜（底部置有木炭）、缸（帶蓋）、碗、缽等。墓坑保存完好，隨葬品共 29 件，墓室南部中央橫向擺放硯臺、鐵刀、鐵剪、鐵牛角刀等 4 件，另 25 件器物均放在耳室及壁龕內，分為釉陶器、瓷器、鐵器、石器四大類。

圖 4-109 武夷山市城村後山五代墓平、剖面圖

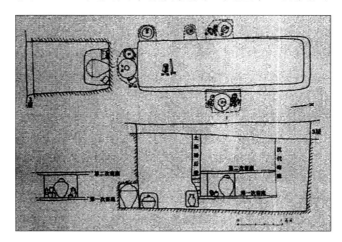

　　泉州五代磚墓（長興二年，931）〔註 175〕　　墓穴南向，呈正方形，墓穴的四壁深寬各爲 95 釐米，墓穴上用兩條石板封蓋。墓穴底部中央放置一粗瓷壇，高 46 釐米，腹頸 28 釐米，壇內裝滿骨灰。墓穴四隅各置動物一，分別爲：陶龍、陶虎、陶朱雀、陶龜（圖 4-110）。

圖 4-110 泉州五代墓四神

（左上：青龍；左下：白虎；右上：玄武；右下：朱雀）

─────────

〔註 175〕後唐長興二年應爲公元 931 年，報告中記爲 930 年，應有誤。

　　福州洪塘金雞山五代墓　包括 M20、M21 兩座墓。兩墓皆爲土坑墓，因破壞嚴重，墓穴大小已無法辨認。M20 隨葬品 8 件，皆爲陶器，有塔式多咀穀倉、盤口壺、穀罐等。M21 隨葬品 7 件，皆爲陶器，有、盤口壺、谷罐等。二墓應屬平民墓葬，此類墓葬 50 年代在福州西門外曾大量發現，出土器物風格、質地與此相同。

　　赤水五代墓　豎穴土坑式，單室，墓向東南，墓坑已破壞，共收繳出陶器 54 件，瓷碗 1 件，買地券 1 件，陶俑 43 件。其中男侍俑 12 件，男侍俑 12 件，十二生肖俑 12 件，坐俑 1 件，千里眼俑 1 件，順風耳俑 1 件，雙身墓龍 1 件，禽俑 2 件，繩形墓龍 1 件（圖 4-111）。

圖 4-111　赤水五代墓出土的陶俑

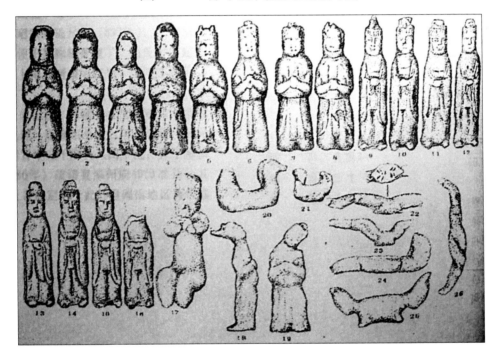

　　與前、後蜀、南唐、吳越帝後陵相比，閩國墓葬的整體規模及墓葬裝飾要遜色許多，這可能與閩國的經濟實力有關。閩國王陵具有明顯的地域性特點。兩座陵墓均依山而建，整個墓地平面呈鐘形，封土前寬後窄，尾部爲圓弧形，且同一封土內安置兩座墓葬，屬於夫妻並穴合葬。〔註176〕

〔註176〕崔世平：《五代閩國劉華墓再探討》，《東南文化》2010 年第 4 期，頁 73～78。

此外，值得注意的是，王審知夫婦墓爲遷葬，這應與其子王延鈞「好鬼神、道家之說」的思想觀念有關〔註177〕。

劉華墓中的陶俑製法是頭、身及細部分別捏塑製成粗坯，糊合在一起，再經細雕入窯烘燒，烘燒後加彩繪，一般面部塗白粉，底加黑彩或貼金，邊緣加綠彩，髮髻塗黑。這種製作方法不同於南唐二陵的模製法。該墓的陶俑分大、中、小三型，且分佈具有一定的規律，如 6 件大型俑均爲女俑，位於前室；12 件中型俑全爲男俑，位於後室；25 件小型俑多數爲男俑，大部分位於後室，前室僅有兩件男俑。這一分佈特點類似與李昇陵，應是在模擬地上宮廷中的男女侍從。

（五）南漢

迄今發掘的後漢墓葬大多集中在廣州地區，主要有：1954 年發掘的廣州石馬村南漢墓〔註178〕、1984～1997 年發掘的廣東和平縣五代墓〔註179〕、2003 年發掘的廣州南漢德陵、康陵〔註180〕。根據墓葬形制可將上述墓葬分爲四型。

A 型　帶墓道的長方形豎穴磚室結構，此種類型的墓葬僅廣州南漢康陵一例。

廣州南漢康陵（後晉天福七年，942）　坐北朝南，由地下玄宮和地面的陵園、陵臺組成。陵園範圍南北約 160 米，東西寬約 80 米，面積達 12800 平方米。陵臺海拔 30 米。陵園依山而建，佔據了大香山南坡的東部。陵園南北大致呈三級臺地。神牆位於陵園四周，夯土牆垣，平面呈長方形，南北長 96.8 米，東西寬 57.3 米，牆寬 1.2～1.4 米，殘高 0.5 米。東西牆依山勢由北向南遞級而下，落差 12 米左右。因受人爲和自然破壞，僅北牆保存稍好。神牆四隅築有角闕，均爲一大一小子母闕對角相聯，原來可能是樓閣式建築。東北角闕保存完好，子闕闕臺邊長 3.7 米，殘高 0.55 米，母闕邊長 4.8 米，殘高 0.76 米。陵園南牆正中開設陵門，東西寬約 16.4 米，現僅殘存 12 個礎墩，報

〔註177〕《新五代史·閩世家第八》卷六十八，頁 848。

〔註178〕商承祚：《廣州石馬村南漢墓葬清理簡報》，《考古》1964 年第 6 期，頁 297～300。

〔註179〕廣東省文物考古研究所、和平縣博物館：《廣東和平縣晉至五代墓葬的清理》，《考古》2000 年第 6 期，頁 62～72。

〔註180〕廣州市文物考古研究所：《廣州南漢德陵、康陵發掘簡報》，《文物》2006 年第 7 期，頁 4～25。

告推測這原來可能是一個面闊三間的門樓建築。陵門南側約 20 米處，發現三排礎墩，對稱佈局，原爲 42 個，東西成行，每行 14 個。此處可能原有廊式建築。陵園前設廊式建築的做法歷代不見，報告推測有兩種可能：一是具有陵前獻殿的性質，由於陵園較小，將原本設於陵園內的獻殿移到門外；還有一種可能是兩重陵門。處在二級臺地的方座圓丘形陵臺位於陵園內中部偏北，其上設有圓形磚砌封土臺、神龕和祭臺（圖 4-112）。地宮築在陵臺正下方，坐北朝南，方向 172°，爲帶墓道的長方形豎穴磚室結構，由封門、甬道（門洞）、前室、過道、中室和後室組成，通長 27.34 米（圖 4-113）。墓道爲長方形豎穴斜坡式，口大底小，南寬北窄。墓道口長 17.5 米，寬 3.3～3.4 米；底長 18.4 米，寬 2.6～4.2 米。兩重封門，外封門爲 3 塊大石板，內封門爲磚

圖 4-112　南漢康陵陵園遺蹟平、剖面圖

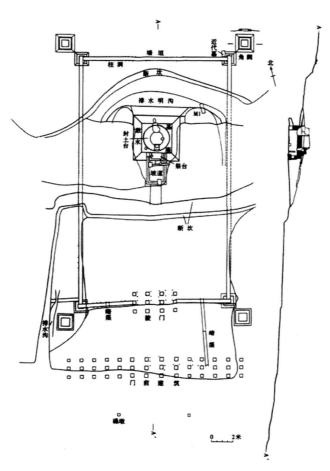

圖 4-113　南漢康陵墓室平、剖面圖

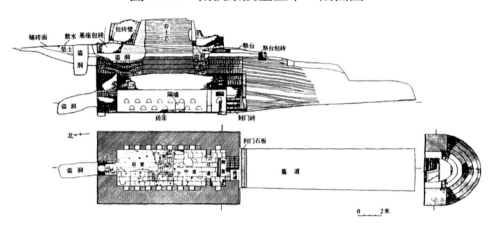

砌。甬道長 1.1 米，寬 2.15 米，高 2.35 米。墓室內長 9.84 米，寬 3.16 米，內
頂高 3.28 米。頂為四重券，厚達 1.45 米。前室橫向，短淺，長 1.34 米，寬
3.16 米，長方形疊澀頂，高 3.3 米。兩壁分別有直櫺假窗和小龕各 1 個。前室
近甬道處立石質碑形哀冊文一通，保存完好，應是在墓門封堵之前放置的。
前、中室之間有過道，磚砌小直牆，長 0.4 米，寬 2.36 米，高 2.47 米。直牆
內側設木質門框。中室平面呈長方形，長 2 米。與前室、後室等寬等高，原
來可能設有墓主夫婦坐像。〔註 181〕後室與中室之間有磚砌矮牆相隔，隔牆寬
0.8 米，厚 0.44 米，高 0.78 米，中間過道寬 1.52 米。後室長 5 米，寬 3.16 米，

〔註 181〕　劉龑墓，在番禺東二十里。崇禎九年秋，北亭洲間有雷出而成墳一，田父見
　　　　　之，投以石，空空有聲，乃內一雄雞，夜盡聞雞鳴，於是率子弟以入，堂宇
　　　　　豁然，珠簾半垂，左右金案玉幾備列。有金人十二，舉之重各十五六斤。中
　　　　　置二金像，冕而坐，若王與后，重各五六十斤。旁有學士十八，以白銀為之。……
　　　　　於是鄰人覺而爭往，遂白邑令，令巫臨其地視搜發，令得玉枕一，金人四以
　　　　　歸。……一碑當穴門中立，辭稱高祖天皇大帝哀冊文，翰林學士知制誥正議
　　　　　大夫尚書右丞相紫金袋臣盧應敕撰並書。其所為大帝者，崩於歲壬寅四月甲
　　　　　寅朔，越廿四日丁丑，號為大有十五年，葬於天光元年，陵曰康陵。蓋劉龑
　　　　　墓也。」（王士禎《漁陽山人精華錄訓纂》，轉引自《王建墓發掘報告》，頁
　　　　　69。）文中記述內容與 2003～2004 年發掘的劉龑墓基本吻合，如「一碑當穴
　　　　　門中立」，可對應前室近通道處立石質碑形哀冊文一通，而且，文中記錄的碑
　　　　　文內容如「辭稱高祖天皇大帝哀冊文，翰林學士知制誥正議大夫尚書右丞相
　　　　　紫金袋臣盧應敕撰並書。其所為大帝者，崩於歲壬寅四月甲寅朔，越廿四日
　　　　　丁丑，號為大有十五年，葬於天光元年，陵曰康陵」均見於哀冊文。另根據
　　　　　報告，該墓棺床設在後室，如有劉龑及其皇后像，應該也在中室，這種結構
　　　　　也符合文獻中「中置二金像，冕而坐，若王與后」的說法。

頂高與前室、中室同。後室中部有磚砌棺床，寬 2.25 米，高 0.2 米，長度被毀，不明。後壁有一個大龕，爲長方形直壁夯拱，口寬 2.3 米，進深 1.06 米，高 1.3 米。中室和後室東、西兩壁上分別設有 14 個小龕，上下兩行，每行七個，略成品字形分佈。出土遺物包括陵園建築構件和地宮隨葬品兩大類。建築構件包括瓦、脊飾、石構件等。地宮隨葬品包括瓷器、釉陶器、陶器、玻璃器、銅器、銀器、鐵器、石器、玉器等，以瓷器、釉陶器、玻璃器數量最多。該墓墓主爲南漢第二代皇帝劉龑。

B 型　帶墓道的豎穴土壙磚室，此類墓葬包括廣州南漢德陵和石馬村南漢墓。

廣州南漢德陵（約後梁乾化元年，911～後梁貞明三年，917）　坐北朝南，方向 358°，封土情況不詳。該墓爲豎穴土壙磚室結構，由墓道、封門、前室、過道、後室組成（圖 4-114）。墓壙南北長 26.47 米，東西寬 3.4～5.82米。墓室內長 10.43 米，高 3.04～3.45 米，素面青磚砌成。夯拱，後室夯頂套接在前室夯頂上面。墓道在墓室北端，爲長方形豎穴土壙，殘長 12 米，寬3.08～3.21 米。墓道南端靠近封門處，用單磚東西向疊砌 3 層，隔出一個器物箱，南北寬 1.53 米，東西長 3.21 米。器物箱內放置青瓷罐 190 件和釉陶罐 82件。器物擺放東西成列、南北成行，整齊有序，應是當時「墓前設奠」之遺

圖 4-114　南漢德陵墓室平、剖面圖

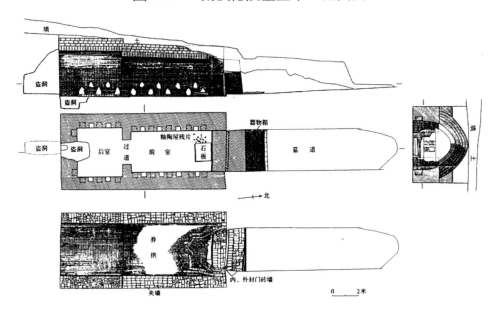

存（圖 4-115）。封門位於墓道和前室之間，殘高 1.69～2.16 米。前室呈長方形，南北長 6.27 米，東西寬 3.14 米。東西兩壁各有上下兩層壁龕，其中上層 4 個，下層 5 個。前室北端中部靠近封門內側，有一塊平面近方形的青石板，長 1.36 米，寬 1.25 米，厚 0.18 米。石板兩面均素面無紋，推測是擺置供品的祭臺。石板兩側清理多塊釉陶屋的殘片。前、後室之間有一條短過道，磚砌門券，門寬 1.85 米，高度不詳。後室平面大體呈方形，南北長 3.48 米，東西寬 3.77 米。後室的券拱高出前室 0.4 米，內高 3.45 米。後室的東西兩壁各有 5 個壁龕，分上下兩層，上層 2 個，下層 3 個。後壁中部遭破壞，僅存東西兩側各 1 壁龕。壁龕的形狀與前室相同。由於墓室破壞嚴重，後室不知有無棺床。隨葬品有青釉陶屋殘片、青瓷罐、釉陶罐等。該墓的墓主人為南漢第一代皇帝烈宗劉隱。

圖 4-115　南漢德陵器物箱內出土的陶瓷罐（自西向東）

　　廣州石馬村南漢墓（後周顯德五年，958）　方向 195°，由墓道、前室、過道、主室組成（圖 4-116）。墓道已毀，距墓道 200 米處有東、西兩石馬，應為該墓的地上遺物。墓室內長 11.64 米。前室平面呈長方形，長 2.86 米，寬

4 米。東壁有兩層磚砌器物箱，南北向連於主室，南達前室南界。箱長 3.64
米，寬 0.8 米。上層殘存南部一角，下層分八小格，自南向北一至六格滿儲青
釉瓷罐、黃釉罐、深灰色罐，排列整齊而不分類；格內空隙滿實細砂，第七
個除細砂之外空無一物，但沒有被擾過的迹象，第八格僅餘青釉罐蓋一枚。
西壁北端有一半圓形磚砌耳室的基礎，耳室南端置有一列器物箱，與東壁器
物箱斜對，已被破壞。過道長 0.78 米，寬 2.18 米（圖 4-117）。主室低於過道
入口處有兩梯級，平面呈長方形，長 8 米，寬 2.54 米，高 2.2 米。出土的遺
物有俑 2 件，發掘前已移至墓外，原位置不明。

圖 4-116　廣州石馬村南漢墓平、剖面圖

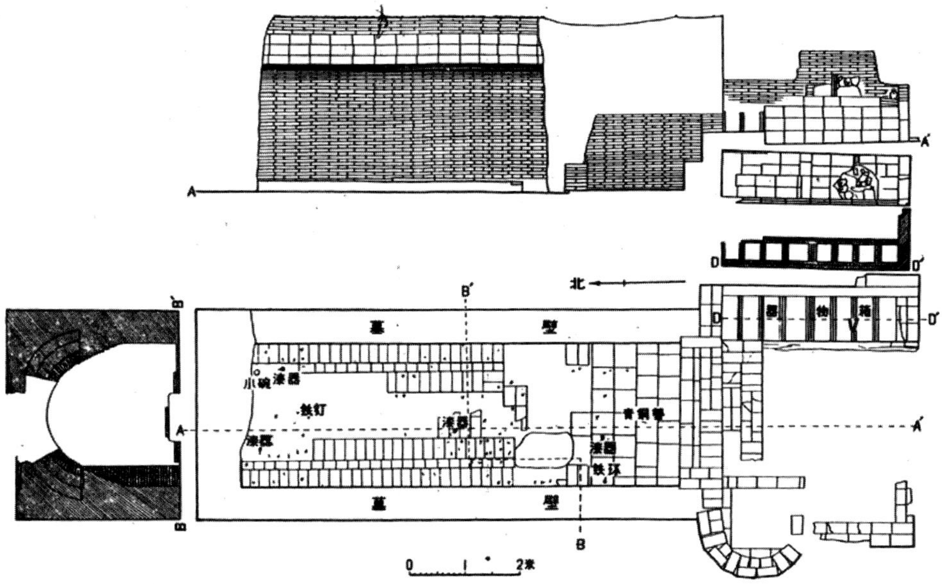

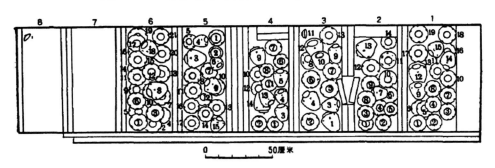

圖 4-117　廣州石馬村南漢墓東器物箱平面圖

墓葬南面 100 米處發掘出一尊半浮雕石質立像。〔註 182〕此外還有大石板、釉瓷器、陶器、漆器等。根據麥英豪的考證，該墓爲南漢昭陵，墓主應爲南漢第三位皇帝劉晟。〔註 183〕

C 型　長方形單室磚墓，此類墓葬有廣東和平縣 HPDM6、HFZM1。

廣東和平縣 HPDM6　方向 130°。長方形雙層券頂磚室墓（圖 4-118），墓室長 3.9 米，寬 1.5 米，高 1 米處起券。隨葬品至於墓室後端，包括青瓷器、白瓷器、鐵器等。

圖 4-118　廣東和平縣 HPDM6 平面圖

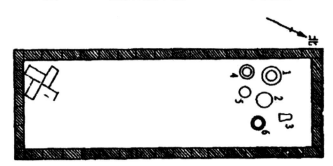

廣東和平縣 HFZM1　長方形單層券頂磚室墓，隨葬品包括青瓷器、鐵器、石器等。

D 型　長方形豎穴土洞墓，此類墓葬有廣東和平縣 HDZM1。

廣東和平縣 HDZM1　墓葬前端已被破壞，殘長 1.5 米，寬 0.76 米。

A 型、B 型均爲南漢的帝陵，但規模、結構並不盡相同。其一，康陵的地上陵園不見於其他兩座帝陵，封上丘夯築、外包磚到頂（或接近頂部）、朝向墓道正中位置還闢有神龕的形制目前也僅見於康陵；其二，德陵與康陵地宮的規模大致相同，分別爲 26.47 米、27.34 米，但康陵的形制更爲複雜，墓室結構爲三室。而昭陵地宮無論從規模還是形制均明顯低於前兩者。這種差異也應與當時的政治背景及個人愛好有關。

南漢劉隱卒於乾化元年（911），並於後梁貞明三年（917）爲其弟漢高祖

〔註 182〕麥英豪：《關於廣州石馬村南漢墓的年代與墓主問題》，《考古》1975 年第 1 期，頁 62～64。

〔註 183〕麥英豪：《關於廣州石馬村南漢墓的年代與墓主問題》，《考古》1975 年第 1 期，頁 62～64。

劉龑追尊為烈宗讓皇帝，因此德陵的修建當在此期間。〔註184〕康陵也應是劉龑生前所建，其原因主要有三：其一，劉龑的性格與愛好。他「為人辨察，多權數。性好奢侈，悉聚南海珍寶翠羽以飾宮室，建殿閣秀華，諸宮務極瑰麗。晚年作南薰殿，柱皆通透刻鏤，礎石各置爐，燃香有氣無形」〔註185〕。劉龑對奢華建築的熱愛在哀冊文中也有明確體現，文中稱他「天機秀異，蘊藉風流。善營苑囿，想像十洲。鶴立松頂，鶯穿花塢。水石幽奇，樓臺回互」〔註186〕。此外，劉龑還「酷喜誇大，嶺北商賈至南海者，多召之使升宮殿，示以珠玉之富」〔註187〕。其二，南漢皇帝可能有生前卜葬域的傳統。《舊五代史》記載，劉晟「卜葬域於城北，運甓為壙，晟親臨視之」〔註188〕，這一傳統應始於劉龑〔註189〕。因為以劉龑的性格和愛好，他一定會精心建造自己的陵墓，以顯示其威嚴與財富。劉龑陵園內的神牆四隅的角闕、陵門的門樓建築以及陵門南側的廊式建築便可說明這一點。此外，清代王士禛在其《皇華紀聞》記載了劉龑墓的奢華景象：

> 崇禎丙子秋，廣州城東二十里北亭洲田間，有雷出地，奮而成穴。耕者梁某投以石，空空有聲，內一雄雞其中，逾夜，雞鳴無恙。乃發之，有今人如翁仲者數枚，各重十五六斛。有二金像：冕而坐者、笄翟如后妃者，各重五六十斛。地皆金蠶珠貝，旁有鏡一，光燭穴中。寶硯一，硯池中有玉魚，能游泳。他異物不可識者甚眾。梁攜歸，光動四鄰，鄰人覺而爭往，遂白之官。有司親臨，發之，隧道如城，高五尺餘，深三丈，中有碑，乃偽漢劉龑冢也。文曰：「維大有十五年歲次壬寅四月甲寅朔廿四日丁丑，高祖天皇大帝崩於正寢。越光天五年癸未朔十四日丙申，遷神於康陵，禮也。」文多闕，不盡載。「翰林學士、知制誥、正議大夫、尚書右丞、賜紫金魚袋臣盧應初撰並書。」〔註190〕

〔註184〕廣州市文物考古研究所：《廣州南漢德陵、康陵發掘簡報》，頁4～25。

〔註185〕《十國春秋・南漢一・高祖本紀》卷五十八，頁238。

〔註186〕廣州市文物考古研究所：《廣州南漢德陵、康陵發掘簡報》，頁24。

〔註187〕《十國春秋・南漢一・高祖本紀》卷五十八，頁238。

〔註188〕《舊五代史・南漢世家第五》卷六十五，頁817。

〔註189〕劉隱去世時僅 37 歲，我們很不難想像他會在如此年輕時就為自己營建陵墓。

〔註190〕清・吳蘭修：《南漢金石誌》卷一《康陵碑》，光緒十一年羊城馮氏刊《翠琅玕館叢書》本。

文中提到墓穴門中立有哀冊文石碑，石碑位置與考古發掘的情況一致。還提到康陵有一條崇五尺、深三尺的隧道。這條「隧道」正是今考古發掘出來的墓道。〔註191〕若是此說不誣，那麼這些金銀像、玉案等隨葬品亦是劉龑展示皇權及財富的集中體現。其三，劉龑的生前好佛事，在位期間在廣州城興建了大量佛教寺院。因此，有學者推測，康陵方形基座覆缽狀或饅頭狀的包磚封上丘可能與印度佛教建築窣堵坡有關，應是該建築形式與當地建築的融合。〔註192〕

如果說德陵代表著南漢陵墓制度的初創，那麼，康陵就象徵著這一制度的成熟，而昭陵則代表著南漢陵墓制度的衰落。這種變化正與南漢政權的發展相對應。劉龑在位35年，與鄰國交好，較少戰亂，政局較為穩定。而劉晟繼位後，在南漢乾和六年、乾和九年與楚、南唐的交戰中連連取勝，收穫頗豐。至後周顯德三年（956），後周世宗屢勝南唐，平定江北。劉晟聞之，惶恐不已，便欲「遣使入貢中朝」，以此向後周示好，但由於「楚人所隔，使者不得行」，乃治戰艦修武備。並感歎道曰：「吾身得免幸矣，何暇慮後世哉！」年末，「會月食牛女間，（劉晟）出書占之，歎曰：『吾當之矣！』因縱酒為長夜之飲。」〔註193〕此時的劉晟不再有繼位之初的得意，而是戰戰兢兢地等待著國家的覆亡。南漢乾和十六年（958），劉晟為自己建造陵墓。當年秋卒，葬於昭陵，年僅39歲。〔註194〕結合上述的史實，我們就可以瞭解昭陵的規模遠遠小於康陵與德陵的原因。

此外，德陵和昭陵的一個突出特點是墓道或墓室內隨葬的器物箱及大量器物，報告稱此為「墓前設祭」之遺存。這種做法不見於唐代及五代其他墓葬中，甚至康陵也未出現，可看作地方特色，其內涵有待於今後的進一步研究。

C型、D型的墓葬中均出土有關墓主身份的文字材料，從其規模、形制來看，應屬下層平民。

〔註191〕陳鴻鈞《廣州出土南漢〈高祖天皇大帝哀冊文〉考釋》，《東南文化》2012年第6期，頁87～92。

〔註192〕張強祿：《南漢康陵的陵寢制度》，《四川文物》2009年第2期，頁60～64。

〔註193〕《舊五代史·南漢世家第五》卷六十五，頁814～817；《十國春秋·南漢二·中宗本紀》卷五十九，頁240。

〔註194〕《舊五代史·南漢世家第五》卷六十五，頁814～817；《十國春秋·南漢二·中宗本紀》卷五十九，頁240。

小　結

　　前文對不同政權墓葬的分析大致勾勒了五代墓葬美術發展的基本面貌。較唐宋而言，五代是墓葬美術的大變動時期，推動這一變革的直接動力便是新政權的頻繁更替。因為伴隨著新政權的確立，總會衍生出新的墓葬制度，這時，不同形式、不同門類的圖像均成為統治者表現個人觀念的媒介。在此過程中，地上美術與其他圖像系統的交流與互動就變得異常頻繁，而王處直墓、王建墓、仿木建築正是這一背景下的典型案例。

附錄二：唐、五代主要山水畫家簡表

李思訓

唐宗室，右武衛大將軍，主要活動於長安

與其子李昭道中舍俱得山水之妙，時人號大李、小李。思訓格品高奇，山水絕妙；鳥獸、草木皆窮其態。……天寶中明皇召思訓畫大同殿壁，兼掩障。異日因對，語思訓云：「卿所畫掩障，夜聞水聲。」通神之佳手也，國朝山水第一。（《唐朝名畫錄・神品下》，《畫品叢書》，頁 78）

其畫山水樹石，筆格遒勁，湍瀨潺湲，雲霞縹緲，時睹神仙之事，窅然巖嶺之幽。（《歷代名畫記・唐朝上》卷九，頁 180）

畫皆超絕，尤工山石林泉，筆格遒勁，得湍瀨潺湲，煙霞縹渺難寫之狀。天寶中，明皇召思訓畫大同殿壁兼掩障，夜聞有水聲，而明皇謂思訓通神之佳手，詎非技進乎道而不為富貴所埋沒，則何能得此荒遠閒暇之趣耶？（《宣和畫譜・山水一》卷十，頁 166）

唐人王摩詰、李思訓之流，畫山川峰麓，自成變態。雖蕭然有出塵之姿，然頗以雲物間之，作浮雲杳靄與孤鴻落照，滅沒於江天之外，舉世宗之，而唐人之典刑盡矣。（《東坡題跋》卷五，《隋唐畫家史料》，頁 104）

其畫山水樹石，筆格遒勁，湍瀨潺湲，雲霞縹緲，難寫之狀，用金碧輝映為一家法。後人所畫著色山，往往宗之，然至妙處不可到也。荊浩云：「李將軍理深思遠，筆迹甚精，雖巧而華大虧墨彩。」（《畫史會要》卷一，《四庫・子部・藝術類》（271），頁 95）

李昭道

中舍人，主要活動於長安。

昭道雖圖山水、鳥獸，甚多繁巧，智惠筆力，不及思訓。(《唐朝名畫錄・神品下》，《畫品叢書》，頁78)

變父之勢，妙又過之。(《歷代名畫記・唐朝上》卷九，頁180)

李林甫
主要活動於長安

其畫迹甚佳，山水小類李中舍也。(《歷代名畫記・唐朝上》卷九，頁180)

盧鴻
隱士，主要活動於洛陽

工八分書，善畫山水樹石(《歷代名畫記・唐朝上》卷九，頁186)

頗喜寫山水平遠之趣，非泉石膏肓，煙霞痼疾，得之心，應之手，未足以造此。畫《草堂圖》世傳以比王維《輞川》。(《宣和畫譜・山水一》卷十，頁168)

吳道玄
宮廷內教博士，主要活動於兩京地區

明皇天寶中忽思蜀道嘉陵江水，遂假吳生驛駟，令往寫貌。及回日，帝問其狀，奏曰：「臣無粉本，並記在心。」後宣令於大同殿圖之，嘉陵江三百餘里山水，一日而畢。(《唐朝名畫錄・神品上》，《畫品叢書》，頁75)

吳道玄者，天付勁毫，幼抱神奧，往往於佛寺畫壁，縱以怪石崩灘，若可捫酌。又於蜀道寫貌山水。由是山水之變始於吳，成於二李。(《歷代名畫記・論畫山水樹石》卷一，頁16)

世人言山水者，稱陁子頭，道子腳。(《歷代名畫記・唐朝上》卷九，頁176)

王陁子
善山水幽致，峰巒極佳。世人言山水者，稱陁子頭，道子腳。(竇云：山水獨運，別是一家，絕迹幽居，古今無比。)(《歷代名畫記・唐朝上》卷九，頁176)

楊庭光
吳道子的弟子，主要活動於兩京地區

佛像、經變、雜畫、山水極妙，頗有似吳生處，但下筆稍細耳。(《歷代名畫記・唐朝上》卷九，頁178)

善寫釋氏像與經變相，旁工雜畫山水等，皆極其妙，時謂頗有吳生體，但行筆差細，以此不同。要之行筆細，則所以劣於吳生也。（《宣和畫譜·道釋二》卷二，頁46）

盧棱伽
吳道子的弟子，主要活動於兩京地區

畫迹似吳，但才力有限。頗能細畫，咫尺間山水寥廓，物象精備。（《歷代名畫記·唐朝上》卷九，頁178）

王維
尚書右丞，主要活動於兩京地區

其畫山水松石，蹤似吳生，而風致標格特出。……畫輞川圖，山谷郁郁盤盤，雲水飛動，意出塵外，怪生筆端。（《唐朝名畫錄·妙品·上》，《畫品叢書》，頁80）

工畫山水，體涉今古。人家所蓄，多是右丞指揮工人布色，原野簇成，遠樹過於樸拙，復務細巧，翻更失眞。清源寺壁上畫輞川，筆力雄壯。……余曾見破墨山水，筆迹勁爽。（《歷代名畫記·唐朝下》卷十，頁191）

書畫特臻其妙，筆蹤措思，參於造化，而創意經

圖，即有所缺，如山水平遠，雲峰石色，絕迹天機，非繪者之所及也。（《舊唐書·列傳第一百四十·文苑下》卷一百九十下，頁5052）

畫思入神，至山水平遠，雲勢石色，繪工以爲天機所到，學者不及也。（《新唐書·列傳第一百二十七·文苑中》卷二百二，頁5764）

精華在筆端，咫尺匠心難。日月中堂見，江湖滿座看。夜凝嵐氣濕，秋浸壁光寒。料得昔人意，平生詩思殘。」「右丞今已歿，遺畫世間稀。咫尺江湖盡，尋常鷗鳥飛。山光全在掌，雲氣欲生衣。以此常爲玩，平生滄海機。」（張祐：《題王右丞山水障二首》，《全唐詩》卷五百十，頁5804）

王維特妙山水，幽深之致，近古未有。（《封氏聞見記·圖畫》卷五，《四庫·子部·雜家類》（285），頁448）

王右丞筆墨宛麗，氣韻高清，巧寫象成，亦動眞思。（《筆法記》，《四庫·子部·藝術類》（269），頁536）

味摩詰之詩，詩中有畫；觀摩詰之畫，畫中有詩。（李福順：《蘇軾與書畫文獻集·上編：蘇軾論書畫》，頁28）

唐人王摩詰、李思訓之流，畫山川峰麓，自成變態。雖蕭然有出塵之姿，然頗以雲物間之，作浮雲杳靄與孤鴻落照，滅沒於江天之外，舉世宗之，而唐人之典刑盡矣。（《東坡題跋》卷五，陳高華：《隋唐畫家史料》，頁104）

張諲

刑部員外郎，天寶中謝官爲隱士，主要活動於永嘉（今浙江溫州）

尤善畫山水。王維答詩曰：「屏風誤點惑孫郎，團扇草書輕內史。」李頎詩曰：「小王破體閒文策，落日梨花照空壁；書堪記室妬風流，畫與將軍作勁敵。」（《歷代名畫記·唐朝下》卷十，頁191～192）

鄭虔

著作郎，主要活動於京畿地區

能畫魚水、山石，時稱奇妙，人所降歎。（《唐朝名畫錄·能品上·鄭虔》，《畫品叢書》，頁85）

善畫山水，山饒墨，樹枝老硬，黃筌山水有法虔者。（《圖繪寶鑒·唐》卷二，《畫史叢書》（2），頁17）

韋鑾

少監，主要活動於長安

善圖花鳥山水，俱得其深旨。（《唐朝名畫錄·能品上》，《畫品叢書》，頁86）

工山水松石，雖有其名，未免古拙。（《歷代名畫記·唐朝下》卷十，頁197）

韋偃

曾入仕做官，主要活動於長安

善畫山水、竹樹、人物等，思高格逸。居閒嘗以越筆點簇鞍馬人物、山水雲煙，千變萬態。……山以墨幹，水以手擦，曲盡其妙，宛然如眞。（《唐朝名畫錄·妙品上》，《畫品叢書》，頁80）

工山水、高僧奇士、老松異石，筆力勁健，風格高舉。善小馬、牛羊山原。俗人空知鷗善馬，不知松石更佳也。咫尺千尋，駢柯攢影，煙霞翳薄，風雨颼飀，輪囷盡偃蓋之形，宛轉極盤龍之狀。（《歷代名畫記·唐朝下》卷十，頁197）

偃雖家學而筆力遒健，風格高舉，煙霞風雲之變，與夫輪囷離奇之狀，過父遠甚。……亦能工山水、松石、人物，皆極精妙。（《宣和畫譜·畜獸一》卷十三，頁225）

王宰

主要活動於四川

畫山水樹石出於象外。……又於興善寺見畫四時屏風，若移造化風候雲物，八節四時於一座之內，妙之至極也。（《唐朝名畫錄・妙品上》，《畫品叢書》，頁 81）

多畫蜀山，玲瓏窳窆，巉嵯巧峭。（《歷代名畫記・唐朝下》卷十，頁 196）

十日畫一水，五日畫一石。能事不受相促迫，王宰始肯留真迹。壯哉崑崙方壺圖，掛君高堂之素壁。巴陵洞庭日本東，赤岸水與銀河通。中有云氣隨飛龍，舟人漁子入浦漵。山木盡亞洪濤風，尤工遠勢古莫比，咫尺應須論萬里。焉得并州快翦刀，翦取吳松半江水。（杜甫：《戲題畫山水圖歌》，《全唐詩》卷二百十九，頁 2305。）

張璪

時之名流，主要活動於長安、湖南、四川

畫松石山水，當代擅價。……其山水之狀，則高低秀麗，咫尺重深，石尖欲落，泉噴如吼。其近也若逼人而寒，其遠也若極天之盡。（《唐朝名畫錄・神品下》，《畫品叢書》，頁 79）

樹石之狀，妙於韋鷗，窮於張通（張璪也）。通能用紫毫禿鋒，以掌摸色，中遺巧飾，外若混成。（《歷代名畫記・論山水樹石》卷一，頁 536）

尤工樹石山水，……初，畢庶子宏擅名於代，一見驚歎之，異其唯用禿毫，或以手摸絹素。（《歷代名畫記・唐朝下》卷十，頁 197）

員外居中，箕坐鼓氣，神機始發，其駭人也，若流電激空，驚飆戾天，摧挫幹掣，撝霍瞥列，毫飛黑噴，捽掌如裂，離合惝怳，忽生怪狀。及其終也，則松鱗皴石，巉岩水清，湛雲窈眇。（《唐文粹》卷九十七，《四庫・集部・總集類》（449），頁 395）

張璪員外樹石氣韻俱盛，筆墨積微，真思卓然，不貴五彩，曠古絕今，未之有也。（《筆法記》，《四庫・子部・藝術類》（269），頁 536）

善畫松石山水。自撰《繪境》一篇，言畫之要訣。……璪嘗以手握雙管，一為生枝，一為枯枿，而四時之行，遂驅筆得之。所畫山水之狀，則高低秀絕，咫尺深重，幾若斷取，一時號為神品。（《宣和畫譜・山水一》卷十，頁 175）

張璪松石，清潤可愛。平生嘗見四本並佳。後得山堂琴會圖，趙子昂見之，欲得不與，因題云：「張璪松人間最少，此卷幽深平遠，如行山陰道中，誠寶

繪也。」（《畫鑑》，《畫史叢書》，頁 410）

畢宏

給事中、左庶子，主要活動於長安

攻松石，時稱絕妙。（《唐朝名畫錄・能品上》，《畫品叢書》，頁 85）

樹石擅名於代。樹木改步變古，自宏始也。（《歷代名畫記・唐朝下》卷十，頁 196）

善工山水，乃作《松石圖》於左省壁間，一時文士皆有詩稱之。其落筆縱橫，皆變易前法，不為拘滯也，故得生意為多。（《宣和畫譜・山水一》卷十，頁 174）

蘇舜欽子美家有畢宏一幅山水奇古，題數行云：筆勢兇險是也。（《畫史》，《畫品叢書》，頁 205）

沈括收畢宏畫兩幅一軸，上以大青和墨，大筆直抹不皴，作柱天高半峰滿八分一幅，至向下作斜鑿，開曲欄，約峻崖，一瀑落下，兩大石塞路頭。一幅作一圓平生半腰雲遮，下磧石數塊，一童抱琴，由曲欄轉山去。一古木臥奇石，奇古。（《畫史》，《畫品叢書》，頁 218）

劉商

檢校禮部郎中、汴州觀察判官，主要活動於長安

工畫山水，樹石。初師於張璪，後自造真為意。（《歷代名畫記・唐朝下》卷十，頁 199～200）

公退情浩然，酷尚山水，著文之外，妙極丹青。好事君子或持冰素越淮湖求一松一石，片雲孤鶴，獲者寶之，雖楚璧南金不之過也。（《文苑英華・劉商郎中集序》卷七百十三，頁 3682）

朱審

主要活動於長安等地

得山水之妙。自江湖至京師壁障卷軸，家藏戶珍。又唐安寺講堂西壁，最其得意。其峻極之狀，重深之妙，潭色若澄，石文似裂，嶽聳筆下，雲起峰端，咫尺之地，溪谷幽邃，松篁交加，雲雨暗淡，雖出前賢之胸臆，實為後代之模楷也。（《唐朝名畫錄・妙品上》，《畫品叢書》，頁 80）

工畫山水，深沉環壯，險黑磊落，湍瀨激人，平遠極目。建中年頗知名。（《歷代名畫記・唐朝下》卷十，頁 196）

朱審偏能視夕嵐，洞邊深墨寫秋潭。與君一顧西牆畫，從此看山不向南。（柳公權：《題朱審寺壁山水畫》，《全唐詩》卷四百七十九，頁 5447。）

道芬

僧人

會稽僧道芬、鄭町處士、梁洽處士、天台項容處士、青州吳恬處士，已上並畫山水，道芬格高。（《歷代名畫記・唐朝下》卷十，頁 204）

鏡（一作湖）中真僧白道芬，不服朱審李將軍。潦汗（一作「漫墨」）平鋪洞庭水，筆頭點出蒼梧雲。且看八月十五夜，月下看山盡如畫。（顧況：《嵇山道芬上人畫山水歌》，《全唐詩》卷二百六十五，頁 2946。）

鄭町

處士

會稽僧道芬、鄭町處士、梁洽處士、天台項容處士、青州吳恬處士，已上並畫山水，……鄭町淡雅。（《歷代名畫記・唐朝下》卷十，頁 204）

梁洽

處士

會稽僧道芬、鄭町處士、梁洽處士、天台項容處士、青州吳恬處士，已上並畫山水，……梁洽美秀。（《歷代名畫記・唐朝下》卷十，頁 204）

項容

處士

會稽僧道芬、鄭町處士、梁洽處士、天台項容處士、青州吳恬處士，已上並畫山水，……項容頑澀。（《歷代名畫記・唐朝下》卷十，頁 204）

吳恬

處士

會稽僧道芬、鄭町處士、梁洽處士、天台項容處士、青州吳恬處士，已上並畫山水，……吳恬險巧，恬有畫山水錄，記平生所畫在絹素者，凡百餘面，傳之好事。自云：初夢寐有神人指授畫法。恬好爲頑石，氣象深險，能爲雲，而氣象蓊格。（《歷代名畫記・唐朝下》卷十，頁 204）

孫位

處士，主要活動於長安、四川等地區

其有龍挐水溝，千狀萬態，勢愈飛動，松石墨竹，筆精墨妙，雄壯氣象，莫可記述。非天縱其能，情高格逸，其孰能與於此邪！（《益州名畫錄·逸格一人》卷上，頁2）

古今畫水多作平遠細皺，其善者不過能爲波頭起伏，使人至以手捫之，謂有窪隆，以爲至妙矣。然其品格特與印板水紙爭工拙於毫釐間耳。唐廣明中，處士孫位始出新意，畫奔湍巨浪，與山石曲折，隨物賦形，盡水之變，號稱神逸。（《東坡集·書蒲永升畫後一首》卷二十三，頁145）

唐人孫位畫水，必雜山石，爲驚濤怒浪，蓋失水之本性，而求假於物，以發其湍瀑，是不足於水也。（《廣川畫跋·書孫白畫水圖》卷二，《畫品叢書》，頁247）

孫知微

主要活動於四川地區

始知微欲於大慈寺壽寧院壁作湖灘水石四堵，營度經歲，終不肯下筆。一日倉皇入寺，索筆墨甚急，奮袂如風，須臾而成。作輸瀉跳蹙之勢，洶洶欲崩屋也。（《東坡集·書蒲永升畫後一首》卷二十二，《宋遼金畫家史料》，頁145）

李昇

主要活動於四川地區

寫蜀境山川平遠，心思造化，意出先賢，數年之中，創成一家之能，俱盡山水之妙。每含豪就素，必有新奇。（《益州名畫錄·妙格下品》卷中，頁27）

尤善山水，筆意幽閒。人有得其畫，往往誤稱王右丞者焉。（《圖繪寶鑒·五代》卷二，《畫史叢書》（2），頁32）

余昔購丁氏蜀人李昇山水一幀，細秀而潤，上危峰、下橋涉、中瀑泉，松有三十餘株，小字題松身曰：「蜀人李升。」（《畫史》，《畫品叢書》，頁196）

唐李昇著色畫二軸，三幅山水。舟舫小人物精細，兩幅畫林石岸茅亭溪水，數道士閒適，人物差大，反不工於小者，石岸天成，都無筆蹤。其三幅峰巒秀拔，山頂蒙茸作遠林，岩巒洞穴，松林層際，木身圓挺，都無筆蹤；其二度非歲月不可了一畫，人間未見其如此之細且工。雖太密茂，林中不虛，而種種木葉，古未有倫，今固無有。（《畫史》，《畫品叢書》，頁215）

張圖

朱梁時將軍，主要活動於洛陽

圖少穎悟，而好丹青，及善潑墨山水，皆不由師授，自致神妙，亦不法今古，自成一體，尤長大象。(《五代名畫補遺‧人物門第一》，《畫品叢書》，頁96)

少穎悟而妙丹青，及善潑山水，皆不由師授，自致神妙，亦不法古今，自成一體，尤長於大象。其畫用濃墨粗筆，如草書顛擘飛動，勢甚豪放。(《圖繪寶鑒‧五代》卷二，《畫史叢書》(2)，頁36～37)

張詢

主要活動於四川地區

善畫吳山楚岫、枯松怪石。中和間，嘗於昭覺寺大悲堂後畫三壁山川，一壁早景、一壁午景、一壁晚景，謂之三時山，人所稱異也。亦有山水卷軸傳於世。(《圖畫見聞志》卷二，頁32)

荊浩

隱士，隱居太行山

善畫山水，自撰《山水訣》一卷，為友人表進，秘在省閣，常自稱「洪穀子」。語人曰：「吳道子畫山水，有筆而無墨，項容有墨而無筆，吾當採二子之所長，成一家之體。」故關同北面事之。有四時山水、三峰、桃源、天台等圖傳於世。(《圖畫見聞志》卷二，頁34)

嘗謂：「吳道元有筆而無墨，項容有墨而無筆。」浩兼二子所長而有之。蓋有筆無墨者，見落筆蹊徑而少自然，有墨而無筆者，去斧鑿痕而多變態。故王洽之所畫者，先潑墨於縑素之上，然後取其高低上下自然之勢而為之。今浩介二者之間，則人以為天成，兩得之矣。故所以可悦眾目使覽者易見焉。(《宣和畫譜‧山水一》卷十，頁176)

荊浩善為雲中山頂，四面峻厚。(《畫史》，《畫品叢書》，頁215)

李靄之

處士，華陰人

工畫山水寒林，有江鄉之思。(《圖畫見聞志》卷二，頁39)

善畫山水泉石，……時以號靄之為金波處士。妙得幽人逸士林泉之思致。故一寄於畫，則無復朝市車塵馬足、肩磨轂擊之狀，真胸中自有丘壑者也。(《宣

和畫譜・畜獸二》卷十四，頁 232）

關仝

僧人，主要活動於長安

工畫山水，學從荊浩，有出藍之美，馳名當代，無敢分庭。（《圖畫見聞志》
卷二，頁 40）

畫山水早年師荊浩，晚年筆力過浩遠甚，尤喜作秋山寒林，與其村居野渡，
幽人逸士，漁市山驛，使其見者，悠然如在灞橋風雪中，三峽聞猿時，不復
有市朝抗塵走俗之狀。蓋仝之所畫，其脫略毫楮，筆愈簡而氣愈壯，景愈少
而意愈長也。而深造古淡，如詩中淵明，琴中賀若，非碌碌之畫工所能知。
（《宣和畫譜・山水一》卷十，頁 177）

關同粗山，工關河之勢，峰巒少秀氣。（《畫史》，《畫品叢書》，頁 215）

董源

南唐北苑副使

善畫山水，水墨類王維，著色如李思訓。（《圖畫見聞志》卷三，頁 65）

善畫，尤工秋嵐，遠景多寫江南真山，不爲奇峭之筆。其後建業僧巨然祖述
源法，皆臻妙理。大體源及巨然畫筆皆宜遠觀，其用筆甚草草，近視之幾不
類物象，遠觀則景物粲然，幽情遠思，如睹異境。如源畫《落照圖》，近視無
功，遠觀村落杳然深遠，悉是晚景，遠峰之頂，宛有反照之色，此妙處也。（《夢
溪筆談》卷十七，《宋遼金畫家史料》，頁 28）

善畫，多作山石、水龍。……大抵元所畫山水，下筆雄偉，有嶄絕崢嶸之勢，
重巒絕壁，使人觀而壯之……然畫家止以著色山水譽之謂景物富麗，宛然有
李思訓風格。今考元所畫信然。蓋當時著色山水未多，能效思訓者亦少也，
故特以此得名於時。至其出自胸臆，寫山水江湖、風雨溪谷、峰巒晦明、林
霏煙雲，與夫千巖萬壑、重汀絕岸，使覽者得之，真若寓目於其處也。而足
以助騷客詞人之吟思，則有不可形容者。（《宣和畫譜・山水二》卷十一，頁
180）

董源平淡天真多，唐無此品，在畢宏上。近世神品格高，無與比也。峰巒出
沒，雲霧顯晦，不裝巧趣，皆得天真。嵐色鬱蒼，枝幹勁挺，咸有生意。溪
橋漁浦，洲渚掩映，一片江南也。（《畫史》，《畫品叢書》，頁 191）

余家董源霧景橫披全幅，山骨隱顯，林梢出沒，意趣高古。（《畫史》，《畫品

叢書》，頁 194）

董源峰頂不工，絕澗危徑，幽壑荒迥，率多真意。（《畫史》，《畫品叢書》，頁215）

巨然

僧人，活動於南唐

鍾陵僧巨然，工畫山水，筆墨秀潤，善爲煙嵐氣象，山川高曠之景，但林木非其所長。（《圖畫見聞志》卷四，頁91）

善畫山水，深得佳趣，遂知名於時。每下筆乃如文人才士，就題賦詠，詞源衮衮，出於毫端。比物連類，激昂頓挫，無所不有。蓋其胸中富甚，則落筆無窮也。巨然山水於峰巒嶺竇之外，下至林麓之間，猶作卵石、松柏疏筠蔓草之類相與映發，而幽溪細路，屈曲縈帶，竹籬茅舍，斷橋危棧，真若山間景趣也。人或謂其氣質柔弱。不然。昔嘗有論山水者乃曰：「倘能於幽處使可居，於平處使可行，天造地設處使可驚，嶄絕戲嶮處使可畏。此真善畫也。」今巨然雖瑣細，意頗類此。而曰柔弱者，恐以是論評之耳。又至於所作雨腳，如有爽氣襲人。信哉！昔人有畫水掛於壁間，猶曰波濤洶湧，見之皆毫髮爲立，況於煙雲變化乎前，蹤迹一出於己，畫錄稱之，不爲過矣。（《宣和畫譜·山水三》卷十二，頁211）

巨然師董源，今世多有本，嵐氣清潤，布景得天真多。巨然少年時多作礬頭，老年平淡趣高。（《畫史》，《畫品叢書》，頁191）

仲爰收巨然半幅橫軸：一風雨景，一皖公山天柱峰圖，清潤秀拔，林路縈回，真佳製也。（《畫史》，《畫品叢書》，頁193～194）

蘇泌家有巨然山水，平淡奇絕。（《畫史》，《畫品叢書》，頁202）

巨然明潤鬱蔥，最有爽氣，礬頭太多。（《畫史》，《畫品叢書》，頁215）

程凝

善畫鶴竹，兼長遠水。（《圖畫見聞志》卷二，頁42）

杜楷

主要活動於四川地區

亦工畫山水。多作老木懸崖、回阿遠岫，殊多雅思，有秋日并州路詩意圖並山水卷軸傳於世。（《圖畫見聞志》卷二，頁45）

善工山水，極妙，作枯木斷崖，雲崦煙岫之態，思致頗遠。又圖寫昔人詩句

爲之，亦可以想見其胸次耳。(《宣和畫譜‧山水一》卷十，頁 179)

趙元德

主要活動於長安、四川

雜工佛道鬼神、山水屋木。(《圖畫見聞志》卷二，頁 49)

丘文播

主要活動於長安、四川

並工佛道人物，兼善山水。(《圖畫見聞志》卷二，頁 51)

攻畫道釋人物、兼作山水。(《宣和畫譜‧人物二》卷六，頁 119)

丘文曉

主要活動於四川

山水亦工、要皆高世之習。道家之仙風，釋氏之慈相，山川之神秀，其非有得於心，則未有能到其妙也。(《宣和畫譜‧人物二》卷六，頁 120)

姜道隱

主要活動於四川

嘗於淨眾寺方丈畫山水松石。(《圖畫見聞志》卷二，頁 52)

於長老方丈畫山水松石數堵。(《益州名畫錄》卷下，頁 54)

楚安

僧人，主要活動於四川

善畫山水，點綴甚細。每畫一扇，上安姑蘇臺或滕王閣，千山萬水，盡在目前。今蜀中扇面印板是其遺範。(《圖畫見聞志》卷二，頁 56)

附錄三：王建年表

唐宣宗大中元年（847）至唐僖宗乾符六年（879）

王建出生於陳州項城，後隨家遷至河南許州舞陽，家境貧寒。後聽從武當僧處常（即處洪，亦作處宏）之言加入堂忠武軍爲卒，後因謀勇兼備，升任忠武軍八都頭之一。王建在忠武軍中「坐事被繫」，後爲獄卒孟彥暉私放而逃亡在外。

唐僖宗廣明元年（880）

秦宗權爲蔡州刺史，懸重賞招募豪傑，王建應招爲軍中虞侯（掌軍中的執法官吏）。

廣明元年（880）

黃巢攻陷長安，僖宗幸蜀。時朱全忠爲黃巢將，率眾攻襄、鄧，宗權遣小校鹿晏弘從監軍楊復光攻之，建亦隨行。

僖宗中和三年（883）

復光入援京師，第二年打敗黃巢軍收京師。後楊復光死，晏弘爲留後，以建爲蜀郡刺史，不令之任。

僖宗中和四年（884）

晏弘猜忌王建韓建，二建率軍三千人逃亡，投靠逃亡的僖宗。僖宗嘉之，分其兵爲五都，即「隨駕五都」，分別是：晉暉、李師泰、張造興、王建、韓建。田令孜首五人爲假子。

僖宗光啟元年（885）

僖宗返長安，封王建等爲八典神策軍；河中王重榮與令孜爭鹽池，重榮召晉兵犯京師，僖宗復出，奔鳳翔。

僖宗光啟二年（886）

三月，王建隨僖宗移幸興元，鳳翔、邠寧二節度使倒戈，王建孤身保駕 64 天。至興元，命建遙領壁州刺史。楊復恭懼建不附己，出王建爲利州刺史。

光啟三年（887）

楊復恭以楊守亮鎮興元，猶畏建侵己，屢召之。建不安其郡，因招眾八千，寇閬州，陷之，復功利州，刺史王珙棄城而去；西川節度使陳敬瑄忌王建，與令孜謀，飛書招建。建大喜，選精兵三千之成都。

光啟三年（887）

王建至鹿州，敬瑄反悔，使人止建。建怒，遂據漢州，領兵至成都。攻成都，三月不下，回漢州。

僖宗文德元年（888）

三月，進逼彭州。是月，昭宗即位。此後，王建軍事日盛，復攻成都。六月，召韋昭度鎮蜀，以代敬瑄。敬瑄不受代，昭宗怒，名顧元朗、楊守亮討之。時昭度以建爲牙內都校，董其步兵。

昭宗大順二年（891）

及王師無功，王建建議昭度返京與昭宗重新謀劃，昭度遲疑未決。建陰令軍士擒昭度親吏，臠而食之，昭度大懼，遂留符節與建，即日東還。八月，王建攻西川八州，所至響應，遂急攻成都。田令孜攜蜀師符節入建軍授建。翌日，敬瑄啓城迎建，以蜀帥讓之。王建乃自稱留後，向昭宗表陳其事。自此擁有西川。是月，昭宗授王建官職。

昭宗景福二年（891）

王建攻梓州，梓帥彥暉求救於鳳翔，李茂貞出師援之，建解圍，自是與東川交惡。後建大起蜀軍，敗岐、梓之兵於利州。彥暉懼，求和，請與歧人絕，許之。王建屢請殺陳敬瑄、田令孜，昭宗不許。夏四月乙亥，建使人告敬瑄謀作亂，殺之。新津又告令孜通鳳翔書，下獄死。

昭宗乾寧四年（897）

山南之師寇東川，彥暉求救於建，建大敗興元之眾。軍旋，建乘虛襲梓州，虜彥暉於成都。自始兼有兩川。

昭宗光化二年（899）

秋八月，建遣決雲軍使田師偘帥三指揮使收穫閬州，進克巴、蓬、壁三州。

昭宗光化三年（900）

春二月庚申，唐詔建私門立戟，加兼中書令。七月甲寅，唐命建以西川節度使，兼東川武信軍兩道都指揮、制置等使。是歲，賜爵琅琊王。

天復元年（901）

冬十一月，韓全誨等劫唐帝如鳳翔。朱全忠引兵至鳳翔問罪於岐王李茂貞，王建外和於朱全忠，陰交茂貞。

天復二年（902）

王建攻興元，茂貞山南諸州皆爲建所有。

天復三年（903）

正月，昭宗遷洛陽。建復攻茂貞之秦、隴等州，茂貞削弱不能守。建得忠、萬、施等州。

天復四年（904）

春二月，梁王全忠表請唐帝遷都。帝遣間使以御箚告難於王建，王建以邛州刺史王宗祐爲北路行營指揮使，將兵會鳳翔兵迎車駕，至興平，遇汴兵不得進而還。王建始自用墨制除官。夏四月，梁王全忠劫遷唐帝於洛陽。是年改元天祐。王與唐絕，而不知故，仍稱天復年號。後梁兵攻，建與諸藩謀，開戰於鳳翔，不利而退。或勸建取鳳翔，建未採納，欲將此地作爲抵禦朱全忠的屏障。秋八月，朱全忠弒唐帝於椒殿，太子子祝即位。

天復五年（905）

十一月，唐遣告哀，使司馬卿來宣昭宗之喪。

天復六年（906）

冬十月，王建立行臺於蜀，承制封拜。以莊爲安撫副使。

天復七年（907）

春三月，唐帝禪位於梁。夏四月，朱全忠稱帝，改元開平，遣使來諭，王建拒而不納。九月，建用莊計帥吏民哭三日，後自帝於成都，國號大蜀。

武成元年（908）

春正月癸酉朔，帝登興義樓有僧，抉一目以獻，帝命飯萬僧報之。學士張格曰：「小人無故自殘赦其罪幸矣，不宜復崇獎以敗風俗。」帝乃止。丁丑，拜韋莊爲左散騎常侍判中書門下事，凡開國制度號令刑政禮樂，皆由莊所定。八月丙子，冊立皇后周氏。冬十月，立後宮張氏爲貴妃，徐氏爲賢妃，其妹爲德妃。

武成二年（909）

廣都嘉禾合穗。昌明縣道士李懷杲謀亂伏誅。

武成三年（910）

秋七月，門下侍郎兼吏部尚書同平章事韋莊卒。八月，洵陽水中有龍五十，如牛馬驢羊之形行入漢江，五色相間。冬十月，麟見壁州。十一月，更皇太子宗懿名曰元坦。十二月庚午，以御史中丞周庠戶部侍郎。

前蜀永平元年（911）

十二月丁巳，帝至成都，群臣加上尊號曰「英武睿聖光孝皇帝」，加皇后尊號曰「昭聖皇后」。是歲，始作新宮。命集四部書，選名儒專掌其事。

前蜀永平二年（912）

永平二年春正月，群臣又加上尊號曰「英武睿聖神功文德光孝皇帝」。封漢張魯爲扶義公，諸葛亮爲安國公。二月朔，帝幸龍華禪院，召僧貫休坐，賜茶藥彩段。丁巳，梁遣光祿卿盧玭閣門副使少府少監李元來聘，推帝爲兄。八月，什邡縣獲銅牌石記，有膺昌之文，改什邡爲通計縣，改太子名爲元膺。

前蜀永平三年（913）

六月丙子，以道士杜光庭爲金紫光祿大夫、左諫議大夫，封蔡國公，進號廣成先生。七月，唐道襲誣太子作亂，大昌軍使徐瑤等脅太子元膺舉宮中以叛，諸軍討之，斬元膺，瑤伏誅。賢妃徐氏及飛龍使唐文扆、宰相張格合謀立鄭王宗衍。甲午，以衍爲太子。

前蜀永平四年（914）

二月，以太子衍判內外六軍事，詔以東宮爲崇賢府，凡文學道德之士得以延納訪問。九月，帝幸寶曆寺，后妃皆從。是日重陽節，宮女四人爲僧所匿。明日，得於民家與僧二十二人同斬龜化橋下。十一月己未夜，宮中火，自得成都以來寶貨貯於百尺樓，悉爲煨燼。諸軍都指揮使兼中書令王宗侃等率衛兵入救，帝閉門不內。庚申旦，火猶未熄，帝出義興門見群臣，命有司斂太廟神主，分巡都城。言訖，復入宮閉門，將相皆獻帷幕、飲食。

前蜀永平五年（915）

起壽昌殿，於龍興宮繪帝象於壁。又起扶天閣，繪諸功臣象。

前蜀通正元年（916）

三月，弘農郡王晉暉薨。建文思殿，命清資五品正員購群書實之。以內樞密使毛文錫爲文思殿大學士。黃龍見大昌池。九月庚申，新宮成，在舊宮之北。十二月戊申，再大赦，改明年元曰天漢，國號大漢。以廣成先生杜光庭爲戶部侍郎。

前蜀天漢元年（917）

正月，封張飛爲靈應王，鄧艾爲彰順王，張儀爲昌化王。五月，祀黃帝於南郊。翌日，祀地祇於方丘。六月，賜百官飛雪丸。十一月，祀昊天上帝於圜丘，大風拔木，幕幄皆裂，改明年元光天，依舊稱大蜀國。

前蜀光天元年（918）

光天元年春正月乙亥朔，大赦，復國號曰蜀。三月，西域番僧滿多三藏來遊峨眉山，旋歸西國。四月，有狐見寢室鵂鶹鳴於帳中，是時峨眉山婆羅花色盡白。五月，建因感疾甚篤，召大臣，傚仿先蜀劉備託付後事。六月，王建卒，八月，衍受道籙於苑中，以杜光庭爲傳眞天師、崇眞館大學士。十一月，王建葬永陵。在位十二年年七十有二。

主要參考文獻

一、古代文獻

1. （漢）司馬遷：《史記》，中華書局，1962 年。
2. （吳）陸璣：《陸氏詩疏廣要》，《四庫・經部・詩類》（23）。
3. （梁）沈約：《宋書》，中華書局，1974 年。
4. （唐）瞿曇悉達：《唐開元占經》，《四庫・子部・術數類》（267）。
5. （唐）牛僧孺撰：《玄怪錄》，《唐五代筆記小説》，江蘇廣陵古籍刻印社，1988 年。
6. （唐）谷神子：《博異志》，《唐五代筆記小説》，江蘇廣陵古籍刻印社，1988 年。
7. （唐）李復言：《續玄怪錄》，《唐五代筆記小説》，江蘇廣陵古籍刻印社，1988 年。
8. （唐）張鷟：《朝野僉載》，《唐五代筆記小説》，江蘇廣陵古籍刻印社，1988 年。
9. （唐）康駢：《劇談錄》，《唐五代筆記小説》，江蘇廣陵古籍刻印社，1988 年。
10. （唐）蘇鶚：《杜陽雜編》，《唐五代筆記小説》，江蘇廣陵古籍刻印社，1988 年。
11. （唐）谷神子：《博異志》，《唐五代筆記小説》，江蘇廣陵古籍刻印社，1988 年。
12. （唐）皇甫枚：《三水小牘逸文》，《唐五代筆記小説》，江蘇廣陵古籍刻印社，1988 年。
13. （唐）張讀：《宣室志》，《唐五代筆記小説》，江蘇廣陵古籍刻印社，1988 年。

14. （唐）裴鉶：《傳奇》，《唐五代筆記小說》，江蘇廣陵古籍刻印社，1988年。

15. （唐）李綽：《尚書故實》，《唐五代筆記小說》，江蘇廣陵古籍刻印社，1988年。

16. （唐）鄭處誨：《明皇雜錄》，《唐五代筆記小說》，江蘇廣陵古籍刻印社，1988年。

17. （唐）皇甫枚：《三水小牘》，《唐五代筆記小說》，江蘇廣陵古籍刻印社，1988年。

18. （唐）張彥遠：《歷代名畫記》，人民美術出版社，2004年。

19. （唐）孔穎達疏：《禮記注疏》，《四庫·經部·禮類》（129）。

20. （唐）魏徵等：《隋書》，中華書局，1973年。

21. （唐）段成式：《酉陽雜俎》，中華書局，1981年。

22. （唐）徐堅等：《初學記》，《四庫·子部·類書類》（295）。

23. （唐）朱景玄：《唐朝名畫錄》，四川美術出版社，1985年。

24. （唐）封演：《封氏聞見記》，《四庫·子部·雜家類》（285）。

25. （後晉）劉昫：《舊唐書》，中華書局，1975年。

26. （五代）孫光憲：《北夢瑣言》，《唐五代筆記小說》。

27. （五代）王定保：《唐摭言》，《唐五代筆記小說》。

28. （五代）尉遲偓：《中朝故事》，《唐五代筆記小說》。

29. （五代）杜光庭：《廣成集》，《四庫·集部·別集類》（362）。

30. （五代）貫休：《禪月集》，《四庫·集部·別集類》（362）。

31. 《宣和畫譜》，人民美術出版社，1964年。

32. 《釣磯立談》，《四庫·史部·載記類》（158）。

33. （宋）李誡：《營造法式》，中國書店，2006年。

34. （宋）歐陽修、宋祁：《新唐書》，中華書局，1975年。

35. （宋）薛居正：《舊五代史》，中華書局，1976年。

36. （宋）歐陽修：《新五代史》，中華書局，1974年。

37. （宋）陸游：《陸氏南唐書》，《四庫·史部·載記類》（158）。

38. （宋）司馬光《資治通鑒》，中華書局，1979年。

39. （宋）王溥：《唐會要》，《四庫·史部·政書類》（201）。

40. （宋）李昉：《太平御覽》卷八百八十九，中華書局，1963年。

41. （宋）李昉等：《文苑英華》中華書局，1982年。

42. （宋）李昉：《太平廣記》，《四庫全書·子部·小說家類》（348）。

43. （宋）李誡：《營造法式》，中國書店，2006 年。

44. （宋）黃修復：《益州名畫錄》，人民美術出版社，2004 年。

45. （宋）郭若虛：《圖畫見聞志》，人民美術出版社，2004 年。

46. （宋）張唐英：《蜀檮杌》卷上，《四庫・史部・載記類》（158）。

47. （宋）扈仲榮等編：《成都文類》卷四十五，《四庫・集部・總集類》（452）。

48. （宋）勾延慶：《錦里耆舊傳》，《四庫・史部・載記類》（158）。

49. （宋）金履祥：《御批資治通鑑綱目前編》，《四庫・史部・史評類》（230）。

50. （宋）姚鉉：《唐文粹》，《四庫・集部・總集類》（449）。

51. （宋）王溥撰，牛繼清校證：《唐會要校證》，三秦出版社，2012 年。

52. （宋）楊萬里：《誠齋集》，《四庫・集部・別集類》（387）。

53. （宋）姜特立：《梅山續稿》，《四庫・集部・別集類》（391）。

54. （宋）羅願：《爾雅翼》，《四庫・經部・小學類》（76）。

55. （元）馬端臨等：《文獻通考》，《四庫・史部・政書類》（203）。

56. （明）董說：《七國考》，《四庫・史部・政書類》（205）。

57. （明）楊慎：《全蜀藝文志》，《四庫全書・集部・總集類》（461）。

58. （明）陶宗儀：《說郛》卷七十下，《四庫・子部・雜家類》（291）。

59. 《欽定續通志》，《四庫・史部・別史類》（138）。

60. （清）董誥等編：《全唐詩》，中華書局，1960 年。

61. （清）董誥等編：《全唐文》，中華書局，1983 年。

62. （清）吳任臣《十國春秋》，《四庫・史部・載記類》（159）。

63. （清）秦蕙田：《五禮通考》，《四庫・經部・禮類》（46）。

64. （清）范家相撰：《詩瀋》，《四庫・經部・詩類》（30）。

65. 《御定書畫譜》，《四庫・子部・藝術類》（272）。

66. （清）劉於義等修：《陝西通志》，《四庫・史部・地理類》（186）。

67. 商務印書館四庫全書出版工作委員會編：《文津閣四庫全書》，商務印書館，1983 年。

68. 大藏經刊行會編：《大正新修大藏經》，河北金智慧文化傳播有限公司，2005 年。

69. 于安瀾：《畫史叢書》，上海人民美術出版社，1963 年。

70. 于安瀾：《畫品叢書》，上海人民美術出版社，1982 年。

二、考古資料

1. 《成都市高新區紫荊路唐宋木發掘簡報》，成都市文物考古研究所編著：《成都考古發現》（1999），科學出版社，2001 年，頁 193～201。

2. 《四川彭山清理後蜀墓一座》，《文物參考資料》1958 年第 3 期，頁 85。

3. 寶雞市考古研究所：《五代李茂貞夫婦墓》，科學出版社，2008 年。

4. 北京市海淀區文物管理所：《北京市海淀區八里莊唐墓》，《文物》1995 年第 11 期，頁 45～53。

5. 北京市文物工作隊（黃秀純、傅公鉞）：《遼韓佚墓發掘報告》，《考古學報》1984 年第 3 期，頁 361～380。

6. 北京市文物研究所：《北京大興區青雲店遼墓》，《考古》2004 年第 2 期，頁 18～21。

7. 常州市博物館：《江蘇常州半月島五代墓》，《考古》1993 年第 9 期，頁 815～821。

8. 朝陽北塔考古勘察隊：《遼寧朝陽北塔天宮地宮清理簡報》，《文物》1992 年第 7 期，頁 1～28。

9. 陳晶：《常州等地出土五代漆器芻議》，《文物》1987 年第 8 期，頁 73～76。

10. 成都市博物館考古隊：《成都無縫鋼管廠發現五代後蜀墓》，《四川文物》1991 年第 3 期，頁 58～62。

11. 成都市博物館考古隊：《五代後蜀孫漢韶墓》，《文物》1991 年第 5 期，頁 11～26。

12. 成都市文物管理處：《成都市東郊後蜀張虔釗墓》，《文物》1982 年第 3 期，頁 21～27。

13. 成都市文物管理處：《後蜀孟知祥墓與福慶長公主墓誌銘》，《文物》1982 年第 3 期，頁 15～20。

14. 成都市文物考古工作隊：《成都梁家巷唐宋墓葬發掘簡報》，《四川文物》1999 年第 3 期，頁 108～113。

15. 成都市文物考古工作隊：《成都市五代墓出土尊勝陀羅尼石刻》，《四川文物》1999 年第 3 期，頁 100～102。

16. 成都市文物考古研究所、龍泉驛區文物保管所：《成都市龍泉驛區洪河大道南延線唐宋墓葬發掘簡報》，《成都考古發現》（2001），科學出版社，2003 年，頁 163～177。

17. 成都市文物考古研究所、青白江區文物管理所：《成都市青白江區景峰村五代及宋代墓葬發掘簡報》，成都市文物考古研究所編著：《成都考古發現》（2003），科學出版社，2005 年，頁 331～346。

18. 成都市文物考古研究所、雙流縣文物管理所：《成都市雙流縣華陽鎮綠水康城小區發現一批磚室墓》，成都市文物考古研究所編著：《成都考古發現》（2003），科學出版社，2005 年，頁 347～373。

19. 池小琴：《江西會昌發現晚唐至五代墓葬》，《南方文物》2001 年第 3 期，頁 7～9。

20. 崔漢林、夏振英：《陝西華陰北魏楊舒墓發掘簡報》，《文博》1985 年第 2 期，頁 4～11。

21. 馮漢驥：《前蜀王建墓發掘報告》，文物出版社，2002 年。

22. 福建省博物館、福州市文物管理委員會：《唐末五代閩王王審知夫婦墓清理簡報》，《文物》1991 年第 5 期，頁 1～10。

23. 福建省博物館：《五代閩國劉華墓發掘報告》，《文物》1975 年第 1 期，頁 62～73。

24. 福建閩越王城博物館：《武夷山市城村後山五代墓》，《福建文博》2011 年第 1 期，頁 38～43。

25. 甘肅省文物考古研究所戴春陽主編：《敦煌佛爺廟灣西晉畫像磚墓》，文物出版社，1998 年。

26. 甘肅文物工作隊：《甘肅省涇州縣出土的唐代舍利石函》，《文物》1966 年第 3 期，頁 8～15、47。

27. 高祥發：《洛陽清理後晉墓一座》，《文物參考資料》1957 年第 11 期，頁 80～81。

28. 廣東省文物考古研究所、和平縣博物館：《廣東和平縣晉至五代墓葬的清理》，《考古》2000 年第 6 期，頁 62～72。

29. 廣州市文物考古研究所：《廣州南漢德陵、康陵發掘簡報》，《文物》2006 年第 7 期，頁 4～25 商承祚：《廣州石馬村南漢墓葬清理簡報》，《考古》1964 年第 6 期，頁 297～300。

30. 郭湖生、戚德耀、李容淦：《河南鞏縣宋陵調查》，《考古》1964 年第 11 期，頁 564～577。

31. 杭州市文物考古所、臨安市文物局：《浙江臨安五代吳越國康陵發掘簡報》，《文物》2000 年第 2 期，頁 4～34。

32. 河北省文物研究所、保定市文物管理處、曲陽縣文物管理所：《河北曲陽五代王處直墓發掘簡報》，《文物》1996 年第 9 期，頁 4～12。

33. 河北省文物研究所、保定市文物管理處：《五代王處直墓》，文物出版社，1998 年。

34. 河北省文物研究所：《安平東漢壁畫墓》，文物出版社，1990 年。

35. 河北省文物研究所：《宣化遼墓》，文物出版社，2001 年。

36. 河南省文物考古研究所、鞏義市文物保管所：《鞏義市北窰灣漢晉唐五代墓葬》，《考古學報》1996 年第 3 期，頁 361～397。

37. 衡水市文物管理處：《河北故城西南屯晚唐磚雕壁畫墓》，《河北省考古文集》（三），科學出版社，2007 年，頁 129～138。

38. 侯鴻鈞：《伊川縣窰底鄉發現後晉墓一座》，《文物參考資料》1958 年第 2 期，頁 82。

39. 湖北省博物館、鄖縣博物館：《湖北鄖縣李徽、閻婉墓發掘簡報》，《文物》1987 年第 8 期，頁 30～32。

40. 侯秀敏、胡小寶：《洛陽道北五路出土的五代壁畫墓》，《文物世界》2013 年第 1 期，頁 70～72。

41. 江蘇省文物管理委員會（屠思華）：《五代——吳大和五年墓清理記》，《文物參考資料》1957 年第 3 期，頁 70～75。

42. 江蘇省文物管理委員會、南京博物館：《江蘇揚州五臺山唐、五代、宋墓發掘簡報》，《考古》1964 年第 10 期，頁 533～536。

43. 晉江地區文管會、永春縣文化館：《福建永春發現五代墓葬》，《文物》1980 年第 8 期，頁 52～54。

44. 井增利、王小蒙：《富平縣新發現唐墓壁畫》，《考古與文物》1997 年第 4 期，頁 8～11。

45. 廊坊市文物管理處：《廊坊固安縣公主府磚場五代墓》，《河北省考古文集》（三），科學出版社，2007 年，頁 139～142。

46. 黎忠義：《江蘇寶應縣涇河出土南唐木屋》，《文物》1965 年第 8 期，頁 47～51。

47. 李軍輝：《西安東郊黃河機器製造廠唐五代墓發掘簡報》，《考古與文物》1991 年第 6 期，頁 12～16。

48. 李書楷：《五代周恭帝順陵出土壁畫》，《中國文物報》1992 年 4 月 5 日。

49. 李忠義：《江蘇寶應縣涇河出土南唐木屋》，《文物》1965 年第 8 期，頁 47～51。

50. 連雲港市博物館：《連雲港海清寺阿育王塔文物出土記》，《文物》1981 年第 7 期，頁 31～38。

51. 遼寧省博物館、遼寧鐵嶺地區文物組發掘小組：《法庫葉茂臺遼墓記略》，《文物》1975 年第 12 期，頁 26～36。

52. 臨潼縣博物館：《臨潼唐慶山寺舍利塔基精室清理記》，《文博》1985 年第 5 期，頁 12～37。

53. 劉曉祥：《九江縣五代南唐周一娘墓》，《江西文物》1991 年第 3 期，頁 80～85。

54. 龍騰、李平:《蒲江發現後蜀李才和北宋魏訓買地券》,《四川文物》1990
年第 2 期,頁 43～45。

55. 洛陽市文物工作隊:《洛陽後梁高繼蟾墓發掘簡報》,《文物》1995 年第 8
期,頁 52～60。

56. 洛陽文物工作隊:《洛陽發現一座後周墓》,《文物》1995 年第 8 期,頁
64～67。

57. 林桂枝:《福建福州外蘭尾山五代墓葬簡報》,《南方文物》2010 年第 3
期,頁 62～64。

58. 廊坊市文物管理處:《廊坊固安縣公主府磚場五代墓》,《河北省考古文
集》(三),科學出版社,2007 年,頁 139～142。

59. 馬世長:《法門寺塔地宮出土文物筆談・珍寶再現 舍利重輝——法門寺
出土文物觀後》,《文物》1988 年第 10 期,頁 40～43。

60. 明堂山考古隊:《臨安縣唐水邱氏墓發掘報告》,《浙江省文物考古研究所
學刊》,文物出版社,1981 年。

61. 內蒙古文物考古研究所、阿魯科爾沁旗文物管理所:《內蒙古赤峰遼壁畫
墓發掘簡報》,《文物》1998 年第 1 期,頁 73～95。

62. 內蒙古文物考古研究所、烏蘭察布博物館、清水河縣文物管理處:《內蒙
古清水河縣山跳峁墓地》,《文物》1997 年第 1 期,頁 20～35。

63. 內蒙古自治區文物考古研究所:《和林格爾漢墓壁畫》,文物出版社,
2007 年。

64. 南京博物館:《南唐二陵》,文物出版社,1957 年。

65. 南京博物院、連雲港市博物館:《江蘇連雲港市清理四座五代、北宋墓
葬》,《考古》1987 年第 1 期,頁 51～57。

66. 南京市博物館、雨花臺區文化局:《南京小行西晉、五代墓》,南京博物
館編《南京文物考古新發現》,江蘇人民出版社,2006 年,頁 62～63。

67. 南京市博物館、棲霞區文化廣播電視局:《南京堯化門五代墓清理簡
報》,南京市博物館編《南京文物考古新發現》,江蘇人民出版社,2006
年,頁 112～114。

68. 年公、黎明:《五代徐鐸墓清理記》,《成都文物》1990 年第 2 期,頁 49
～54。

69. 寧夏固原博物館:《固原北魏墓漆棺畫》,寧夏人民出版社,1988 年。

70. 寧夏回族自治區博物館、寧夏固原博物館:《寧夏固原北周李賢夫婦墓發
掘簡報》,《文物》1985 年第 11 期,頁 1～20。

71. 青陽縣文物管理處(黃忠學):《安徽青陽縣發現一座南唐磚室墓》,《考
古》1999 年第 6 期,頁 92～93。

72. 泉州市文物保護研究中心：《泉州北峰五代王福墓》,《福建文博》2005 年第 3 期, 頁 36～43。

73. 山東省文物考古研究所、臨朐縣博物館：《山東臨朐北齊崔芬壁畫墓》,《文物》2002 年第 4 期, 頁 4～25。

74. 山西省考古研究所、太原市考古研究所、太原市晉源區文物旅遊局：《太原隋代虞弘墓清理簡報》,《文物》2000 年第 1 期, 頁 27～52。

75. 山西省考古研究所：《唐代薛儆墓發掘報告》, 科學出版社, 2000 年。

76. 山西省文物管理委員會：《山西大同郊區五座遼壁畫墓》,《考古》1960 年第 10 期, 頁 37～42。

77. 山西市考古研究所、大同市考古研究所：《大同市北魏宋紹祖墓發掘簡報》,《文物》2001 年第 7 期, 頁 19～39。

78. 陝西省博物館、乾縣文物局唐墓發掘組：《唐懿德太子墓發掘簡報》,《文物》1972 年第 7 期, 頁 26～31。

79. 陝西省博物館、文管會：《唐李壽墓發掘簡報》,《文物》1974 年第 9 期, 頁 71～88、61。

80. 陝西省考古研究所：《唐節愍太子墓發掘簡報》,《考古與文物》2004 年第 4 期, 頁 13～25。

81. 陝西省考古研究所、法門寺博物館、寶雞市文物局、扶風縣博物館：《法門寺考古發掘報告》, 文物出版社, 2007 年。

82. 陝西省考古研究所、富平縣文物管理委員會：《唐節愍太子墓發掘報告》, 科學出版社, 2004 年。

83. 陝西省考古研究所、蒲城縣文體廣電局：《唐惠莊太子墓發掘簡報》,《考古與文物》1999 年第 2 期, 頁 3～21。

84. 陝西省考古研究所：《陝西新出土唐墓壁畫》, 重慶出版社, 1998 年。

85. 陝西省考古研究所：《唐惠莊太子李撝墓發掘報告》, 科學出版社, 2004 年。

86. 陝西省考古研究所：《唐李憲墓發掘報告》, 科學出版社, 2005 年。

87. 陝西省考古研究所：《西安陝棉十廠唐壁畫墓清理簡報》,《考古與文物》2002 年第 1 期, 頁 16～37。

88. 陝西省文物管理委員會：《長安縣南里王村韋洞墓發掘記》,《文物》1959 年第 8 期, 頁 8～18。

89. 陝西省考古研究所：《山西新出土唐墓壁畫》, 重慶出版社, 1998 年。

90. 陝西省文物管理委員會：《唐永泰公主墓發掘簡報》,《文物》1964 年第 1 期, 頁 71～94、39。

91. 陝西省文物管理委員會：《西安西郊中堡村唐墓清理簡報》,《考古》1960

年第 3 期，頁 34～38。

92. 陝西文物管理委員會：《潼關弔橋漢代楊氏墓群發掘簡記》，《文物》1961
年第 1 期，頁 56～66。

93. 商承祚：《廣州石馬村南漢墓葬清理簡報》，《考古》1964 年第 6 期，頁
297～300。

94. 沈仲常、李顯文：《四川樂山出土的五代陶棺》，《文物》1983 年第 2 期，
頁 53～55。

95. 石谷風、馬人權：《合肥西郊南唐墓清理簡報》，《文物參考資料》1958
年第 3 期，頁 65～68。

96. 四川大學歷史文化學院考古隊、洛陽市第二文物工作隊：《洛陽伊川後晉
孫璠墓發掘報告》，《文物》2007 年第 6 期，頁 9～15。

97. 四川省博物館：《四川萬縣唐墓》，《考古學報》1980 年第 4 期，頁 503
～514。

98. 四川省博物館文物工作隊：《四川彭山後蜀宋琳墓清理簡報》，《考古通
訊》1958 年第 5 期，頁 18～26。

99. 四川省文物管理委員會：《前蜀晉暉墓清理簡報》，《考古》1983 年第 10
期，頁 915～918、907。

100. 四川省文物考古研究院、德陽市文物考古研究所、廣漢市文管所：《2004
年廣漢煙堆子遺址晚唐、五代墓地發掘簡報》，《四川文物》2005 年第 3
期，頁 3～10。

101. 四川省文物考古研究院、綿陽市文物管理局、三臺市文物管理局：《四川
三臺郪江崖墓群柏林坡 1 號墓發掘簡報》，《文物》2005 年第 9 期，頁 16
～35。

102. 蘇天鈞：《北京南郊遼趙德鈞墓》，《考古》1962 年第 5 期，頁 246～253。

103. 蘇州市文管會、吳縣文管會：《蘇州七子山五代墓發掘簡報》，《文物》
1981 年第 2 期，頁 37～45 福建省博物館：《五代閩國劉華墓發掘報告》，
《文物》1975 年第 1 期，頁 62～73。

104. 宿白：《白沙宋墓》，文物出版社，2002 年。

105. 邵磊、賀雲翱：《南京鐵心橋楊吳宣懿皇后墓的考古發掘與初步認識》，
《東南文化》2012 年第 6 期，頁 66～78。

106. 王嘉：《華陽出土五代時期古墓》，《成都日報》2005 年 9 月 15 日第 B02
版。

107. 王錫平：《煙臺市芝罘區發現一座石槨墓》，《文物》1986 年第 3 期，頁
60～62。

108. 王銀田、劉俊喜：《大同智家堡北魏墓石槨壁畫》，《文物》2001 年第 7
期，頁 40～51。

109. 王志高、夏仁琴、許志強：《南京祖堂山南唐 3 號墓考古發掘的主要收穫及認識》，《東南文化》2012 年第 1 期，頁 41～51。

110. 成都文物考古研究所、龍泉驛區文物保護管理所：《成都市龍泉驛五代前蜀王宗侃夫婦墓》，《考古》2011 年第 6 期，頁 33～44。

111. 溫州市文物處（王同軍）：《浙江樂清縣發現五代土坑墓》，《考古》1992 年第 8 期，頁 764～765、762。

112. 吳文良：《泉州發現的五代磚墓》，《考古通訊》1958 年第 1 期，頁 66～68。

113. 武漢博物館：《閱馬場五代吳國墓》，《江漢考古》1998 年第 3 期，頁 67～72。

114. 西安市文物保護考古所王自力、孫福喜：《唐金鄉縣主墓》，文物出版社，2002 年。

115. 西安是文物管理委員會：《西安唐金鄉縣主墓清理簡報》，《文物》1997 年第 1 期，頁 4～18。

116. 咸陽市文物考古研究所：《五代馮暉墓》，重慶出版社，2001 年。

117. 揚州博物館：《江蘇邗江蔡莊五代墓清理簡報》，《文物》1980 年第 8 期，頁 41～51。

118. 楊繼東：《五代藝術精品——極建陵》，《滄桑》1995 年第 3 期，頁 46～48。

119. 楊繼東：《極建陵》，《文物世界》2002 年第 5 期，頁 49～51。

120. 楊忠敏、閻可行：《陝西彬縣五代馮暉墓彩繪磚雕》，《文物》1994 年第 11 期，頁 48～55、90。

121. 俞洪順、梁建民、井永禧：《江蘇鹽城市城區唐宋時期的墓葬》，《考古》1999 年第 4 期，頁 31～39。

122. 曾凡：《福州洪塘金雞山古墓葬》，《考古》1992 年第 10 期，頁 900～908、899。

123. 曾昭燏等合著：《沂南古畫像石墓發掘報告》，文化部文物管理局出版，1956 年。

124. 張家口市宣化區文保所：《張家口市宣化區發現一座五代墓葬》，《文物春秋》1989 年第 3 期，頁 85～87。

125. 浙江省博物館、杭州市文管會：《浙江臨安晚唐錢寬墓出土天文圖及「官」字款白瓷》，《文物》1979 年第 12 期，頁 18～23。

126. 浙江省文物管理委員會、杭州師範學院歷史系考古組：《杭州郊區施家山古墓發掘報告》，《杭州師範學院學報》1961 年第 1 期。

127. 浙江省文物管理委員會：《杭州、臨安五代墓中的天文圖和秘色瓷》，《考

古》1975 年第 3 期，頁 186～194。

128. 浙江省文物管理委員會：《浙江臨安板橋的五代墓葬》，《文物》1975 年第 8 期，頁 66～72。

129. 浙江省文物考古所：《杭州三臺山五代墓》，《考古》1984 年第 11 期，頁 1045～1048。

130. 鎮江市博物館（劉和惠、翁福驊）：《鎮江、句容出土的幾件五代、北宋瓷器》，《文物》1977 年第 10 期，頁 90～92。

131. 鄭州市博物館：《鄭州開元寺宋代塔基清理簡報》，《中原文物》1983 年第 1 期，頁 14～18。

132. 鄭州文物考古研究所：《鄭州宋金壁畫墓》，科學出版社，2005 年。

133. 中國科學院考古研究所：《輝縣發掘報告》，科學出版社，1956 年。

134. 周爾太：《成都市發現前蜀宮廷古墓》，《成都文物》1990 年第 4 期，頁 63。

135. 漳浦縣博物館：《漳浦唐五代墓》，《福建文博》2001 年第 1 期，頁 40～45。

三、論文

1. （日）岸邊成雄，樊一譯：《王建墓棺床石刻二十四樂妓》，《四川文物》1988 年第 4 期，頁 76～80。

2. 曹發展：《陝西彬縣五代馮暉墓出土彩繪磚雕「拍板」圖考》，《中國文物報》1996 年 7 月 7 日第 3 版。

3. 陳葆眞：《南唐烈祖的個性與文藝活動》，《美術史研究集刊》第二期，頁 43。

4. 陳葆眞：《南唐中主的政績與文化建設》，《美術史研究集刊》第三期，頁 41～89。

5. 陳寅恪：《隋唐制度淵源略稿　唐代政治史述論稿》，生活・讀書・新知三聯書店，2004 年。

6. 成都市王建墓博物館：《王建墓維修工程綜述》，《成都文物》1990 年第 4 期，頁 3～5。

7. 遲乃鵬：《王建墓棺床石刻樂伎弄佛曲說探證》，《四川文物》1997 年第 3 期，頁 18～22。

8. 陳鴻鈞《廣州出土南漢〈高祖天皇大帝哀冊文〉考釋》，《東南文化》2012 年第 6 期，頁 87～92。

9. 崔世平：《五代閩國劉華墓再探討》，《東南文化》2010 年第 4 期，頁 74～78。

10. 戴俊英：《中國古代舍利的瘞埋制度》，《人文雜誌》1993 年增刊，頁 82 ～110、117。

11. 丁曉雷：《五代時期的楊吳、南唐和吳越墓葬》，《青年考古學家》總第 11 期，頁 47～57。

12. 丁祖春：《讀前蜀晉暉墓誌銘札記》，《成都文物》1991 年第 2 期，頁 36 ～40。

13. 杜正勝：《傳統家庭結構的典型》，《大陸雜誌》第 65 卷第 2、3 期，1982 年。

14. 樊一：《前蜀永陵雜考》，《成都文物》1991 年第 1 期，頁 35～43。

15. 馮漢驥：《前蜀王建墓發掘報告》，文物出版社，2002 年。

16. 馮漢驥：《前蜀王建墓內石刻伎樂考》，《四川大學學報》1957 年第 1 期。

17. 高世瑜：《宋氏姐妹與〈女論語〉論析——兼及古代女教的平民化趨勢》，《唐宋女性與社會》，上海辭書出版社，2003 年，頁 127～157。

18. 高燕：《四川地區唐代石窟西方淨土變研究》，四川大學碩士論文，2007 年。

19. 郝建文：《淺談曲陽五代墓壁畫》，《文物》1996 年第 9 期，頁 78～79。

20. 何建明：《南唐崇儒之風與江南社會的文化變遷》，《歷史教學》2003 年第 10 期，頁 31～35。

21. 賀世哲：《敦煌莫高窟的〈涅槃經變〉》，《敦煌研究》1986 年第 1 期，頁 1～26。

22. 賀世哲：《敦煌莫高窟供養人題記校勘》，《中國史研究》1980 年第 3 期。

23. 賀西林：《從長沙楚墓帛畫到馬王堆 1 號漢墓漆棺畫與帛畫》，《藝術史研究》第五輯，2003 年，頁 143～168。

24. 洪劍民：《略談成都近郊五代至南宋的墓葬形制》，《考古》1959 年第 1 期，頁 36～39。

25. 胡文和：《四川和敦煌石窟中「西方淨土變」的比較研究》，《考古與文物》1997 年第 6 期，頁 63～76。

26. 胡文和：《四川唐代摩崖造像中的「西方淨土變」》，《四川文物》1989 年第 1 期，頁 27～33。

27. 黃劍波、朱亮亮：《論五代十國墓室壁畫的藝術特徵》，《中國美術研究》2009 年第 1 期，頁 31～46。

28. 黃景略：《中國古代墓葬壁畫的縮影》，《文物》1996 年第 9 期，頁 63～64。

29. 黃劍波：《五代後周馮暉墓中「竹竿子」人物圖像考證》，《南京藝術學院學報》（美術與設計版）2012 年第 1 期，頁 22～24。

30. 金維諾：《唐代西州墓的絹畫》，《中國美術史論集》，黑龍江出版社，2004 年，頁 195～202。

31. 賈嫚：《「柘枝」從唐到宋之嬗變——馮暉墓彩繪磚雕花冠舞伎考》，《文藝研究》2013 年第 8 期，頁 61～67。

32. 雷聞：《論唐代皇帝的圖像與祭祀》，《唐研究》第九卷，2003 年，頁 261～282。

33. 黎方銀、王熙祥：《大足北山佛灣石窟的分期》，《文物》1988 年第 8 期，頁 31～45。

34. 李斌城：《唐懿僖二宗迎送法門寺佛骨僧俗考》，《'98 法門寺唐文化國際學術討論會論文集》，陝西人民出版社，2000 年，頁 55～65。

35. 李靜傑、田軍：《定州系白石佛像研究》，《故宮博物院院刊》1999 年第 3 期，頁 66～84。

36. 李靜傑：《中原北方宋遼金時期涅槃圖像考察》，《故宮博物院院刊》2008 年第 3 期，頁 6～46、157。

37. 李力：《古墓恩仇錄》，《北京青年報》2007 年 3 月 12 日第 D2 版。

38. 李清泉：《「裝堂花」的身前身後》，《南山論學集——錢存訓先生九五生日紀念》，北京圖書館出版社，2006 年，頁 56～61。

39. 李清泉：《宣化遼墓：墓葬藝術與遼代社會》，文物出版社，2008 年。

40. 李清泉：《從南漢康陵「陵臺」看佛教影響下的 10 世紀墓葬》，Tenth-century China and Beyond: Art and Visal Culture in a Multi-centered Age, Edited by Wu Hung, Center for the Art of East Asia Symposia, University of Chicago, 2012, pp.126~49。

41. 李蜀蕾：《十國墓葬初步研究》，吉林大學碩士論文，2004 年。

42. 李玉珉：《敦煌藥師經變研究》，《故宮學術季刊》第 7 卷第 3 期，頁 1～40。

43. 劉蓉英：《王建墓維修工程中的墓內保護措施》，《成都文物》1991 年第 4 期，頁 26～27。

44. 劉雨茂、劉平：《孫漢韶墓出土陶房考識》，《四川文物》2000 年第 3 期，頁 64～67。

45. 劉雨茂：《王建墓維修保護工程中的考古新發現》，《前後蜀的歷史與文化》，頁 129～133。

46. 劉浩東《馮暉墓出土磚雕樂人研究》，陝西師範大學碩士論文，2012 年。

47. 羅豐：《後周馮暉墓彩繪樂舞磚雕》，《胡漢之間——「絲綢之路」與西北歷史考古》，文物出版社，2005 年，頁 299～325。

48. 羅豐：《五代後周馮暉墓出土彩繪磚雕題材試析》，《考古與文物》1998 年第 6 期，頁 66～81。

49. 羅慶華：《敦煌壁畫中的〈東方藥師淨土變〉》，《敦煌研究》1989 年第 2 期，頁 5～18。

50. 羅世平：《觀王公淑墓壁畫〈牡丹蘆雁圖〉小記》，《文物》1996 年第 8 期，頁 78～83。

51. 羅世平：《略論曲陽五代墓山水壁畫的美術史價值》，《文物》1996 年第 9 期，頁 74～75。

52. 羅世平：《埋藏的繪畫史》，《美術研究》2004 年第 4 期，頁 68～72。

53. 馬文彬：《王建墓保坎的修復工程》，《四川文物》1986 年第 2 期，頁 49～50。

54. 麥英豪：《關於廣州石馬村南漢墓的年代與墓主問題》，《考古》1975 年第 1 期，頁 62～64。

55. 牛加明：《宋代墓室壁畫研究》，華南師範大學碩士論文，2004 年。

56. 秦方瑜：《王建墓石刻伎樂與霓裳羽衣舞》，《四川文物》1986 年第 2 期，頁 15～20。

57. 榮新江：《法門寺與敦煌》，韓金科主編：《'98 法門寺唐文化國際學術討論會論文集》，陝西人民出版社，2000 年，頁 66～73。

58. 沙武田：《敦煌寫真邈真畫稿研究——兼論敦煌畫之寫真肖像藝術》，《敦煌學輯刊》2006 年第 1 期（總第 51 期），頁 43～62。

59. 山崎純一：《關於唐代兩部女訓書〈女論語〉、〈女孝經〉的基礎研究》，《唐宋女性與社會》，上海辭書出版社，2003 年，頁 158～187。

60. 沈寶玉：《王建墓維修工程三合土防漏層技術總結》，《成都文物》1991 年第 4 期，頁 18～20。

61. 沈仲常：《王建、孟知祥墓的棺床石刻內容初探》，《前後蜀的歷史與文化》，巴蜀書社，1994 年，頁 107～111。

62. 施建中：《論「徐黃體異」與五代畫家地籍、身份分異之間的關係》，《南京藝術學院學報》（美術與設計版）2006 年第 1 期，頁 48～50。

63. 宿白：《關於河北四處古墓的札記》，《文物》1996 年第 9 期，頁 58～62。

64. 宿白：《西安地區的唐墓形制》，《文物》1995 年第 12 期，頁 41～49。

65. 宿白：《西安地區唐墓壁畫的佈局和內容》，《考古學報》1982 年第 2 期，頁 153。

66. 孫秉根：《西安隋唐墓的形制》，《中國考古學研究——夏鼐先生考古五十年紀念論文集》（二），科學出版社，1986 年。

67. 孫先文：《吳越錢氏政權研究》，安徽大學碩士論文，2004 年。

68. 王惠民：《敦煌隋至唐前期藥師圖像考察》，《藝術史研究》第二輯，2000 年，頁 293～327。

69. 王惠民：《日本白鶴美術館藏兩件敦煌絹畫》,《敦煌研究》1999 年第 2 期,頁 176～178。

70. 王玉東：《半身像與社會變遷》,《藝術史研究》第六輯,2002 年,頁 5 ～70。

71. 王玉東：《走進永陵——前蜀王建墓設計方案與思想考論》,《藝術史研究》第十一輯,2009 年,頁 227～272。

72. 王欣：《遼墓與五代十國墓旳佈局、裝飾、葬具的共性研究》,吉林大學碩士論文,2013 年。

73. 巫鴻：《從「廟」到「墓」——中國古代宗教美術發展中的一個關鍵問題》,《禮儀中的美術:巫鴻中國古代美術史文編》(下卷),生活・讀書・新知三聯書店,2005 年,頁 549～588。

74. 巫鴻：《墓葬:可能的美術史亞學科》,《讀書》2007 年第 1 期,頁 59～67。

75. 巫鴻著,杭侃譯：《敦煌 172 窟〈觀無量壽經變〉及其宗教、禮儀和美術的關係》,《禮儀中的美術——巫鴻中國古代美術史文編》(下卷),頁 405 ～417。

76. 巫鴻著,鄭岩譯：《「華化」與「復古」:房型槨的啓示》,《禮儀中的美術:巫鴻中國古代美術史文編》(下),頁 659～671。

77. 巫鴻著,鄭岩譯：《何爲變相?——兼論敦煌藝術與敦煌文學的關係》,《禮儀中的美術:巫鴻中國古代美術史文編》(下),頁 346～404。

78. 徐蘋芳：《看〈河北古代墓葬壁畫精粹展〉札記》,《文物》1996 年第 9 期,頁 65～66。

79. 徐學書：《論王建及其前蜀政權的歷史地位》,《四川文物》2000 年第 3 期,頁 7～16。

80. 徐淩：《中原地區五代墓葬的分期研究》,西北大學碩士論文,2011 年。

81. 嚴家栩：《淺談王建墓室内支撐及石拱觀測》,《成都文物》1990 年第 4 期,頁 28～31。

82. 揚之水：《古詩文名物新證》,紫禁城出版社,2004 年,頁 296。

83. 楊泓：《河北五代王處直墓彩繪浮雕女樂圖》,《收藏家》1998 年第 1 期,頁 4。

84. 楊泓：《中國佛教舍利容器藝術造型的變遷》,《藝術史研究》(2),中山大學出版社,2000 年,頁 231～261。

85. 伊世同：《臨安晚唐錢寬墓天文圖簡析》,《文物》1979 年第 12 期。

86. 伊世同：《最古的石刻星圖——杭州吳越墓石刻星圖評介》,《考古》1975 年第 3 期。

87. 曾中懋：《王建墓棺床石雕風化原因的研究》，《成都文物》1991 年第 1 期，頁 24～27。

88. 占揚：《珍貴的地下文化寶藏——成都五代墓壁畫》，《成都文物》1989 年第 4 期，頁 17～21。

89. 張道森、吳偉強：《安陽出土唐墓壁畫花鳥部分的藝術價值》，《安陽師範學院學報》2001 年第 6 期，頁 42～44。

90. 張道森、吳偉強：《安陽唐代墓室壁畫初探》，《美術研究》2001 年第 2 期，頁 26～28。

91. 張美華：《王建墓綜合整治工程設計介紹》，《成都文物》1990 年第 4 期，頁 9～12。

92. 張肖馬：《前後蜀墓葬制度淺論》，《成都文物》1990 年第 2 期，頁 36～44。

93. 張勳燎、白彬：《前蜀王建永陵發掘材料中的道教遺迹》，《中國道教考古》（九），線裝書局，2005 年。

94. 張勳燎、黃偉：《論後蜀和陵的特徵及相關問題》，《成都文物》1993 年第 3 期。

95. 張勳燎：《試論我國南方地區唐宋墓葬出土的道教「柏人俑」和「石真」》，《道家文化研究》第七輯，1995 年，頁 312～322。

96. 張勳燎：《試說前蜀王建永陵發掘材料中的道教遺迹》，《四川考古文集》，文物出版社，1996 年，頁 213～223。

97. 張亞平：《「前蜀」后妃墓應爲前蜀周皇后墓》，《四川文物》2003 年第 1 期，頁 36～37。

98. 張玉蘭：《晚唐五代錢氏家族墓葬初步研究》，《東南文化》2005 年第 5 期，總 187 期，頁 41～47。

99. 鄭岩、李清泉：《看時人步澀，展處蝶爭來——談新發現的北京八里莊唐墓花鳥壁畫》，《故宮文物月刊》第 158 期，1996 年，頁 126～133。

100. 鄭岩：《北周康業墓石榻畫像札記》，《文物》2008 年第 11 期，頁 67～75。

101. 鄭岩：《關於墓葬壁畫起源問題的思考——以河南永城柿園漢墓爲中心》，《故宮博物院院刊》2005 年第 3 期，頁 56～74。

102. 鄭岩：《墓葬壁畫 畫給誰看》，《文物天地》2002 年第 9 期，頁 46～49。

103. 鄭岩：《山東臨淄東漢王阿命刻石的形制及其他》，《藝術史研究》（第十輯），2008 年，頁 275～297。

104. 鄭岩：《壓在「畫框」上的筆尖》，《新美術》2009 年第 1 期，頁 39～51。

105. 鄭岩：《裝堂花新拾》，《中國文物報》（《收藏鑒賞周刊》第 3 期）2001

年 1 月 21 日第 4 版。

106. 鍾堅：《王暉石棺的歷史藝術價值》，《四川文物》1988 年第 4 期，頁 12
～13。

107. 朱玉麟：《隋唐文學人物與與長安坊里空間》，《唐研究》第九卷，2003
年，頁 85～128。

108. Ellen Johnston Laing, Patterns And Problems In Later Chinese Tomb
Decoration, Journal of Oriental Studies, vo16, 1978.

109. 鄭岩：《塔與城——管窺中國中古都城的立體形象》，édités par Chrystelle
Maréchal（麥里筱）& YAU Shun-chiu（游順釗），*ÉDITIONS LANGAGES
CROISÉS*（《語彙叢刊》）, numéro special n°2, pp. 193~209, Centre de
Recherches Linguistiques sur l'Asie Orientale, École des Hautes Études en
Sciences Socirles, Paris, 2005.

四、著作

1. 陳安利：《唐十八陵》，中國青年出版社，2001 年。

2. 陳朝云：《南北宋陵》，中國青年出版社，2004 年。

3. 陳高華：《隋唐畫家史料》，文物出版社，1987 年。

4. 陳明達：《營造法式大木作制度研究》，文物出版社，1993 年。

5. 陳明達編著：《應縣木塔》，文物出版社，2001 年。

6. 馮賀軍：《曲陽白石造像研究》，紫禁城出版社，2005 年。

7. 傅熹年：《傅熹年建築史論文集》，文物出版社，1998 年。

8. 故宮博物院：《中國歷代繪畫：故宮博物院藏畫集》，人民美術出版社，
   1978 年。

9. 郭建邦：《北魏寧懋石室線刻畫》，人民美術出版社，1987 年。

10. 韓曉囡：《宋代墓葬裝飾研究》，山東大學博士論文，2006 年。

11. 胡文和：《四川道教、佛教的石窟藝術》，四川人民出版社，1994 年。

12. 黃明蘭：《洛陽北魏世俗石刻線畫集》，人民美術出版社，1981 年。

13. 李福順：《蘇軾與書畫文獻集》，榮寶齋出版社，2008 年。

14. 李清泉：《宣化遼墓：墓葬藝術與遼代社會》，文物出版社，2008 年。

15. 李星明：《唐代墓室壁畫研究》，陝西人民美術出版社，2005 年。

16. 梁思成等著：《未完成的側繪圖》，清華大學出版社，2007 年。

17. 呂思勉：《隋唐五代史》，上海古籍出版社，2005 年。

18. 羅哲文主編：《中國古代建築》，上海古籍出版社，1990 年。

19. 劉婕：《唐代花鳥畫研究》，文化藝術出版社，2013 年。

20. 孟暉：《花間十六聲》，生活‧讀書‧新知三聯書店，2006 年。

21. 潘谷西、何建中：《「營造法式」解讀》，東南大學出版社，2005 年。

22. 沙武田：《敦煌畫稿研究》，民族出版社，2006 年。

23. 陝西省考古研究所漢陵考古隊：《中國漢陽陵彩俑》，陝西旅遊出版社，1992 年。

24. 王青：《西域影響下的中古小説》，中國社會科學出版社，2006 年。

25. 王士禎原編、鄭方坤刪補：《五代詩話》，人民文學出版社，2001 年。

26. 王衛明：《大聖慈寺花史叢考──唐、五代、宋時期西蜀佛教美術發展探源》，文化藝術出版社，2005 年。

27. 巫鴻著，鄭岩等譯：《禮儀中的美術》，生活・讀書・新知三聯書店，2005 年。

28. 吳裕成：《中國十二生肖文化》，天津人民出版社，2004 年。

29. 向達：《唐代長安與西域文明》，河北教育出版社，2002 年。

30. 邢鐵：《中國家庭史──宋遼金元時期》（第三卷），廣東人民出版社，2007 年。

31. 薛永年：《中國卷軸畫史》（神州文化集成叢書），新華出版社，1993 年。

32. 楊明芬：《唐代西方淨土禮懺法研究：以敦煌莫高窟西方淨土信仰爲中心》，民族出版社，2007 年。

33. 張國剛：《中古佛教戒律與家庭倫理》，生活・讀書・新知三聯書店，2004 年。

34. 張家驥：《中國建築論》，山西人民出版社，2003 年。

35. 趙豐主編：《中國絲綢通史》，蘇州大學出版社，2005 年。

36. 趙廣超：《不只中國木建築》，生活・讀書・新知三聯書店，2006 年。

37. 趙克禮：《陝西古塔研究》，科學出版社，2007 年。

38. 鄭炳林：《敦煌碑銘贊輯釋》，甘肅教育出版社，1992 年。

39. 鄭汝中：《敦煌音樂畫卷》，商務印書館，2002 年。

40. 鄭午昌：《中國畫學全史》，上海書畫出版社，1985 年。

41. 鄭岩、汪悦進：《庵上坊──口述、文字與圖像》，生活・讀書・新知三聯書店，2008 年。

42. 鄭岩、劉善沂：《山東佛教史迹──神通寺、龍虎塔與小龍虎塔》（中華佛學研究所論叢 46），法鼓文化，2007 年。

43. 鄭岩：《魏晉南北朝壁畫墓研究》，文物出版社，2002 年。

44. 中國藝術研究院編寫組編著：《中國建築藝術史》（上），文物出版社，1999 年。

45. 周到、傅永魁：《鞏縣石窟寺・宋陵・杜甫故里》，中州書畫社，1981 年。

46. 周峰：《中國古代服裝參考資料：隋唐五代部分》，燕山出版社，1987 年。

47. 朱玉龍編著：《五代十國方鎮年表》，中華書局，1997 年。

48. Wu Hung, *The Double Screen: Medium and Representation in Chinese Paining*, Published by Reaktion Books L td, 1996.

49. Xiaoneng Yang, *New perspectives on China's past: Chinese Archaeology in the twentieth century*, Yale University Press and The Nelson-Atkins Museum of Art, 2004.

五、圖錄

1. 敦煌文物研究所：《中國石窟：敦煌莫高窟窟》第四卷，文物出版社，株式會社平凡社，1987 年。

2. 敦煌研究院張文彬：《敦煌：紀年敦煌藏經洞發現一百週年》，朝華出版社，2000 年。

3. 海外藏中國歷代名畫編輯委員會：《海外藏中國歷代名畫·原始社會至唐》（1），湖南美術出版社，1998 年。

4. 賀世哲主編：《敦煌石窟全集：法華經畫卷》（7），商務印書館（香港），1999 年。

5. 黃明蘭：《洛陽北魏世俗石刻線畫集》，人民美術出版社，1987 年。

6. 梁尉英主編：《敦煌石窟藝術：莫高窟第九窟、第十二窟（晚唐）》，江蘇美術出版社，1994 年。

7. 劉永增主編：《敦煌石窟藝術：莫高窟第一五八窟（中唐）》，江蘇美術出版社，1998 年。

8. 劉玉權主編：《敦煌石窟全集：動物畫卷》（19），商務印書館（香港），1999 年。

9. 梅林主編：《敦煌石窟藝術：莫高窟一一二窟（中唐）》，江蘇美術出版社，1998 年。

10. 孫儒僩、孫毅華：《敦煌石窟全集：建築畫卷》（22），商務印書館（香港），2003 年。

11. 譚蟬雪主編：《敦煌石窟全集：服飾畫卷》（24），商務印書館（香港），2005 年。

12. 王惠民主編：《敦煌石窟全集：敦煌彌勒經畫卷》（6），商務印書館（香港），2002 年。

13. 王克芬主編：《敦煌石窟全集：舞蹈畫卷》（17），商務印書館（香港），2001 年。

14. 中國敦煌壁畫全集編輯委員會編：《中國敦煌壁畫全集 7·中唐》，遼寧美術出版社、天津人民美術出版社，2000 年。

15. 中國敦煌壁畫全集編輯委員會編:《中國敦煌壁畫全集 8・晚唐》,天津人民美術出版社,2001 年。

16. 中國敦煌壁畫全集編輯委員會編:《中國美術全集・雕塑編 5・五代宋雕塑》,人民美術出版社,1988 年。

17. 中國古代書畫鑒定組:《中國繪畫全集:五代宋遼金 1》(2),文物出版社、浙江人民美術出版,1999 年。

18. 中國古代書畫鑒定組:《中國繪畫全集:五代宋遼金 2》(3),文物出版社、浙江人民美術出版,1999 年。

19. 中國古代書畫鑒定組編:《中國繪畫全集:戰國——唐》(1),文物出版社、浙江人民美術出版,1997 年。

20. 中國畫像石編輯委員會:《中國畫像石全集 2・山東漢畫像石》,山東美術出版社,2000 年。

21. 中國美術全集編輯委員會、敦煌研究院編:《中國美術全集・繪畫編 15・敦煌壁畫下》,上海人民美術出版社,1985 年。

22. 中國美術全集編輯委員會編:《中國美術全集・雕塑編 12・四川石窟雕塑》,人民美術出版社,1988 年。

23. 中國美術全集編輯委員會編:《中國美術全集・繪畫編 13・墓室壁畫》,文物出版社,2006 年。

24. 中國石窟雕刻全集編輯委員會:《中國石窟雕塑全集 4・龍門》,重慶出版社,2001 年。

25. 周天遊主編:《唐墓壁畫珍品:新城、房陵、永泰公主墓壁畫》,文物出版社,2002 年。

圖片目錄

圖 4-79　江蘇連雲港 3 號墓平面圖，採自《考古》1987 年第 1 期，頁 52。

圖 4-80　南京小行五代墓平、剖面圖，採自《南京文物考古新發現》，江蘇人民出版社，2006 年，頁 62。

圖 4-81　閻馬場五代吳國墓平、剖面圖（左：M1；右：M2），採自《江漢考古》1998 年第 3 期，頁 68、69。

圖 4-82　吳越康陵平、剖面圖，採自《文物》2000 年第 2 期，頁 6。

圖 4-83　吳越康陵後室全貌，採自《文物》2000 年第 2 期，頁 17。

圖 4-84　吳越康陵後室左壁、右壁、後壁彩繪雕刻，鄭以墨製作。

圖 4-85　吳越康陵後室墓門背後彩繪磚雕，採自《文物》2000 年第 2 期，頁 13。

圖 4-86　吳越康陵後室頂部天象圖摹本，採自《文物》2000 年第 2 期，頁 20。

圖 4-87　吳越康陵後室棺床石枋（1.前石枋正面；2.前石枋背面；3.後石枋正面），採自《文物》2000 年第 2 期，頁 18。

圖 4-88　錢元瓘墓平面圖，採自《考古》1975 年第 3 期，頁 186。

圖 4-89　蘇州七子墓平面圖，採自《文物》1981 年第 2 期，頁 38。

圖 4-90　蘇州七子墓男女侍俑，《中國美術全集・雕塑編・五代宋雕塑》（5），頁 31。

圖 4-91　吳漢月墓四神雕刻拓本（上：青龍；下：白虎），採自《考古》1975 年第 3 期，頁 188。

圖 4-92　吳漢月墓天象圖，採自《考古》1975 年第 3 期，頁 190。

圖 4-93　錢元玩墓平面圖，採自《考古》1975 年第 3 期，頁 187。

圖 4-94　錢寬墓平面圖，採自《文物》1979 年第 12 期，頁 18。

圖 4-95　錢寬墓後室天象圖，採自《文物》1979 年第 12 期，頁 18。

圖 4-96　浙江臨安板橋五代墓平面圖，採自《文物》1975 年第 8 期，頁 66。

圖 4-97　臨安 M22 墓平面圖，採自《考古》1975 年第 3 期，頁 189。

圖 4-98　杭州三臺山五代墓平、剖面圖，採自《考古》1984 年第 11 期，頁 1045。

圖 4-99　宣化遼 M10 後室北壁壁畫局部，採自《宣化遼墓》（下），彩版一五。

圖 4-100　宣化 M1 後室北壁壁畫，採自《宣化遼墓》（上），頁 209。

圖 4-101　劉華墓平面圖，採自《文物》1975 年第 1 期，頁 62。

圖 4-102　劉華墓墓室平、剖面圖，採自《東南文化》2010 年第 4 期，頁 75。

圖 4-103　劉華墓陶俑，採自《中國歷代婦女裝飾》，學林出版社、三聯書店

致　謝

　　本書是教育部人文社科研究項目《五代墓葬美術研究》（12YJC760123）的研究成果，是在我的博士論文的基礎上進一步研究完成的。

　　本書的完成首先要感謝導師鄭岩先生，從文章的選題到寫作均得到了他的鼓勵與悉心指導，並感謝他爲本書寫序。

　　在資料的搜集過程中，感謝賀西林先生惠贈資料，感謝資料室的諸位老師在此過程中提供的支持和幫助，還要感謝徐濤博士、王中旭博士、鄒清泉博士、王敏慶博士，他們爲本書的寫作提供了重要的資料和信息。在赴成都考察期間，四川省文管處朱曉嵐處長、成都市文管處繆永舒處長、成都市博物館李明斌館長、凡建秋博士、龔曉雪女士、成都市廣電局常德科長、龐志彬先生、《四川文物》雜誌的黃建華先生等均給予了諸多幫助，在此一併感謝。

　　金維諾先生、羅世平先生、賀西林先生對本書的選題提出了許多建議，使我深受啓發，在此表示感謝。感謝楊泓先生在百忙中詳細審閱論文初稿，並提出諸多重要的意見和建議。感謝我的碩士導師李福順先生，他不僅在論文寫作中給予指導，還詳細修改了論文初稿。感謝楊泓先生、李松濤先生、金維諾先生、羅世平先生、賀西林先生在論文答辯時提出的諸多修改意見。感謝張鵬博士、黃小峰博士對本書提出意見和建議。

　　三年來，我和李小旋、黃永飛、武紅麗、曹麗娟、劉加全、劉婕博士、趙晶博士、陳群、鄭陽、邵小莉、胡志明、信佳敏博士等同學一起學習、一起生活，彼此結下了深厚的友誼，論文的完成離不開他們的關心和支持。還要特別感謝李小旋爲本書翻譯英文提要，並提出寶貴意見；感謝武紅麗、

劉加全、邵小莉、鄭陽、趙晶博士、常存、於微博士幫我校對文稿，武紅麗、劉加全、常存還對本書提出了修改意見。好友張苗苗、羅雪常在生活上給予諸多的關心和照顧，此外，張苗苗還幫我修改英文提要，羅雪則在修改圖片時提供了技術指導，在此一併表示感謝。感謝趙偉博士一直以來的照顧，感謝好友徐濤博士、高蓓博士、王敏慶博士、陳粟裕博士、王中旭博士、鄒清泉博士、李明博士、王建博士、羅永生博士、劉維東博士、毛雄飛博士、劉文炯博士對我的幫助和鼓勵，他們使我的博士生活充滿了樂趣。感謝家人多年來對我的支持，正是由於他們的理解和支持才使得論文能夠順利完成。

感謝臺灣花木蘭文化出版社同意出版我的書稿，感謝楊嘉樂編輯和高小娟社長為本書的出版所付出的辛勞。

限於筆者的學力，本書在內容上尚存在不少疏漏，懇請方家批評指正。書中一切錯誤與缺點均由筆者負責。

鄭以墨

2013 年 10 月 31 日